LE TEMPS DES FÉMINISMES

Michelle Perrot est une des grandes historiennes contemporaines. Ses travaux, pionniers en matière d'histoire sociale, d'histoire des marges, des femmes et du genre, ont puissamment contribué à renouveler la discipline et ses objets. Elle a publié de très nombreux ouvrages, dont sous sa direction *Histoire des femmes en Occident*, avec Georges Duby (Plon, 1991) ; *Les Femmes ou les silences de l'Histoire* (Flammarion, 1998) ; *Histoire de chambres* (Le Seuil, 2009, Prix Femina essai) ; *Mélancolie ouvrière* (Grasset, 2012), adapté au cinéma par Gérard Mordillat en 2017 ; *Le Chemin des femmes* (Bouquins, Laffont, 2019) ; *La tristesse est un mur entre deux jardins. Algérie, France, féminisme*, avec Wassyla Tamzali (Odile Jacob, 2021).

Eduardo Castillo est conférencier, concepteur de débats littéraires, journaliste, écrivain. Il a dirigé l'ouvrage *Chili, 11 septembre 1973. La démocratie assassinée* (Arte / Le Serpent à plumes, 2003). Il a publié sous sa direction en mars 2013 aux éditions Philippe Rey l'ouvrage collectif *Pourquoi Camus*.

MICHELLE PERROT
et EDUARDO CASTILLO

Le Temps
des féminismes

GRASSET

« La pilule d'or », paroles et musique de Jeanne-Paule Marie Deckers, interprété par Sœur Sourire, Philips, 1967.

© Éditions Grasset & Fasquelle, 2023.
ISBN : 978-2-253-24762-3 – 1re publication LGF

Avant-propos

de Michelle Perrot

Refuse-t-on d'accéder à la demande d'un ancien étudiant, surtout quand on a partagé avec lui le Jussieu lumineux et fraternel des années 1980 ? Voilà comment, au printemps 2021, j'ai accepté la proposition d'Eduardo Castillo d'une série d'entretiens autour de l'histoire des femmes, dont il avait vécu les premiers pas, suivi les premiers enseignements, et du féminisme.

Entre Eduardo et moi, le fil ne s'était jamais rompu. Invitée comme auteure dans des débats dont il assurait l'animation, j'avais apprécié son intelligence, sa curiosité et son savoir-faire. Sa touchante fidélité aussi, son estime, sûrement excessive. D'où mon accueil à l'idée de ce livre, qui rencontrait le soutien des éditions Grasset où j'avais publié, il y a quelques années, *Mélancolie ouvrière*. Le premier de nos entretiens eut lieu en juin 2021 au charmant hôtel des Saints-Pères. Ils s'y poursuivirent durant l'été et l'automne 2021, période difficile, marquée par l'aggravation de la maladie de Jean-Claude, mon mari, et sa mort le 10 décembre, dans un sentiment de schizophrénie que j'ai souvent éprouvé dans cette période de ma vie.

L'histoire des femmes, et surtout du féminisme, constitue l'axe majeur de ce livre. Constamment à l'affût des ouvrages nouvellement publiés, parfaitement informé des situations et des débats dont ils se font l'écho, Eduardo préparait soigneusement ses questions en fonction des thèmes qu'il souhaitait aborder, de l'agenda qu'il comptait suivre. Leur maintien eût sans doute donné une meilleure vue de nos échanges, son insistance m'obligeant à la précision et me conviant à l'approfondissement. Non sans répétitions, liées à l'étirement temporel de notre conversation. Ce livre traduit le questionnement d'un homme résolument féministe, qu'interroge l'évolution, voire la révolution, des rapports entre les sexes dans la société contemporaine.

Pendant trente ans, le féminisme a paru comme en sommeil. C'était devenu un mot repoussoir, vieillot : les grands combats avaient été gagnés, celles qui s'obstinaient à revendiquer plus d'égalité apparaissaient comme des empêcheuses de tourner en rond revêches et ennuyeuses. Enfin, il y a un peu plus d'une dizaine d'années, des jeunes femmes dynamiques, enthousiastes, déterminées ont pris le relais, comprenant qu'un long chemin restait encore à faire, et on a senti – avec quelle joie ! – que le féminisme se réveillait. #MeToo a été un événement considérable.

Les analyses, les concepts se sont affinés, dans une production historique et littéraire vivace ces derniers temps. Des progrès ont été réalisés, dans la loi parfois plus que dans les mœurs, les représentations ou la pensée étant particulièrement rétives au changement. Ils l'ont été dans un périmètre restreint, occidental surtout. La « domination masculine » a reculé, avec des résurgences qui marquent la profondeur d'une résistance largement inconsciente. En 2021, sur un panneau publicitaire, on pouvait voir à gauche une femme, à droite un homme. À gauche, on lisait encore : « elle est à l'écoute », et à droite : « il décide »…

Tout cela constitue une tumultueuse et passionnante histoire inachevée, sans cesse recommencée, et à l'issue incertaine.

Ce dialogue, masqué par la linéarité du récit, a tenté d'en prendre la mesure.

Avant-propos

d'Eduardo Castillo

J'ai eu la chance formidable de croiser un jour la route de Michelle Perrot. Au début des années 1980, peu de temps après mon arrivée du Chili, je me suis inscrit à l'université Jussieu (Paris-VII). D'abord en administration économique et sociale, j'ai très vite bifurqué en histoire, choix qui allait changer radicalement mon parcours et mon rapport à la France. Je devais rattraper de grosses lacunes historiques, dans une langue qui n'était pas la mienne, au sein d'un univers jusque-là inconnu pour moi, celui de l'université et de ses codes. Il fallait tout recommencer, emprunter un nouvel itinéraire, construire une vie faite de rencontres et d'un appétit pour la connaissance historique. Pour appréhender la société dans laquelle je vivais, il me fallait me mettre à jour dans tous les domaines. C'était une question d'amour-propre en somme, « se mettre à la page », et pour cela j'ai dû dévorer beaucoup de pages avec gourmandise et plaisir.

À l'époque, sans en avoir conscience, nous avons assisté à de grands changements dans la manière de faire et d'écrire l'histoire. Beaucoup de sujets étaient en jachère ou à peine abordés et des questionnements nouveaux voyaient le jour, liés aux sursauts des années post-68. On commençait à s'interroger sur les silences de l'histoire et l'on se demandait pourquoi ils avaient concerné avant tout les femmes. À travers ses travaux, Michelle Perrot nous rappelait que les femmes ont toujours été présentes dans l'histoire, et que le mot « histoire » revêt deux sens : ce qui s'est passé et le récit que l'on fait de ce qui s'est passé. De ce récit, les femmes étaient souvent absentes. Il fallait donc combler ces lacunes et faire émerger une autre manière de faire de l'histoire, un autre récit incluant des femmes actrices du devenir commun de la société. Les femmes ont toujours existé, elles ont toujours été présentes partout, mais on avait omis de signaler l'importance de leurs contributions et de leur participation aux progrès et au devenir de l'humanité.

Quand j'ai proposé à Michelle Perrot d'écrire ce livre, je me suis souvenu de tous ces moments passés sur les bancs de la fac à l'écouter avec d'autres camarades. Beaucoup sont devenu·e·s d'excellent·e·s historien·ne·s et ont poursuivi le travail qu'elle et d'autres enseignantes avaient initié. C'est ce lien entre les différentes générations d'historiens et de chercheurs dans d'autres domaines des sciences sociales que nous avons essayé de mettre en valeur dans ce livre. J'ai pensé qu'entendre sa voix, évoquer son parcours à travers la deuxième partie du XXe siècle nous renseignerait sur un moment clé de l'histoire des femmes de sa génération. Cette période a transformé les rapports entre les femmes et les hommes, non sans résistance.

Nous avons conçu cet ouvrage comme une brève histoire des femmes et du féminisme, conjuguée à tous les temps. C'était la meilleure façon de rendre compte des faits, des figures féminines connues et méconnues, et des combats féministes qui ont contribué à faire avancer la cause des femmes. Nous avons voulu passer en revue l'évolution des rapports entre les hommes et les femmes, les permanences et les ruptures et, à travers le temps, la prise de conscience par les femmes de l'importance de leur histoire. Cette prise de conscience a compté, elle compte et comptera de plus en plus pour les nouvelles générations. La connaissance, la mise au jour de cette histoire sont allées de pair avec la montée en puissance des différents mouvements féministes. Nous avons cherché à relier l'histoire des cinq dernières décennies avec l'histoire au long cours pour éclairer les enjeux de chaque époque. Il fallait rappeler les contextes des révoltes, les productions littéraires ou les créations artistiques, les noms des femmes qui ont pris la parole ou la plume, afin d'incarner le long processus qui mène aux luttes féministes du XXIe siècle. La volonté d'émancipation existe depuis la nuit des temps, et des mouvements féministes pluriels ont vu le jour avant même que le mot « féminisme » soit inventé. Il y a toujours eu des femmes déterminées à rompre les chaînes de la domination masculine et de l'inégalité. Les discussions animées entre différentes conceptions du féminisme révèlent la grande diversité des points de vue dans l'approche féministe de la société. Michelle Perrot a été et reste une observatrice et une chroniqueuse hors pair de toute cette période. Sa capacité d'écoute et de synthèse n'a pas d'équivalent. Elle a pour qualité rare de faire l'unanimité sans jamais éluder les questions qui pourraient fâcher. Dans ce livre, Michelle Perrot historienne, féministe et citoyenne nous promène à travers l'histoire, notre histoire partagée, celle qui nous conduit vers « le temps des féminismes ».

Essai d'ego-histoire

Peut-être suis-je devenue historienne pour ne pas parler de moi, voire pour ne pas y penser, parce que je trouvais que le moi, mon moi, n'avait rien d'extraordinaire. Le milieu bourgeois dont je venais n'avait pas beaucoup d'intérêt et je n'avais aucune gloire à en tirer. Je n'ai presque jamais tenu de journal, et n'ai jamais fait de psychanalyse, à tort peut-être... Face à quelqu'un, ma position n'est pas conflictuelle, elle est plutôt d'entendre, de comprendre les différences. J'ai toujours éprouvé vivement ce sentiment d'étonnement, de curiosité. Le monde m'intéresse, la société, les changements m'intéressent et me surprennent : j'ignore ce que sera demain et j'aimerais le savoir.

En tant qu'historienne, j'ai une conscience aiguë du temps, qui est ma matière première et un objet de réflexion fondamental. Je défends qu'on ne peut vraiment comprendre une situation présente qu'en voyant sa place dans l'évolution.

Le doute

Pour des raisons personnelles peut-être, je suis encline au doute. J'ai reçu une éducation chrétienne très forte, dont j'ai été prisonnière à l'adolescence, dans les années 1940. Les religieuses de mon collège me voyaient mère supérieure un jour... Quand ma mère s'est aperçue de leur emprise sur moi, elle a été furieuse. Athée comme mon père, elle a regretté de m'avoir mise dans ce collège de filles. Moi, à ce moment-là, je trouvais qu'elle ne me laissait pas faire ce que je voulais. Puis, entre vingt et vingt-cinq ans, je suis devenue athée à mon tour. Dans les années 1950, j'ai cru naïvement au communisme et défendu l'Union soviétique avant de m'apercevoir de l'erreur terrible que cela avait été. Tout cela m'a rendue assez critique vis-à-vis de moi-même et m'a portée à la tolérance. Être tolérant, ce n'est pas tout admettre, tout mettre sur un même pied, c'est commencer par écouter, tenter de comprendre avant de récuser un argument. Donc, mes choix ont des origines existentielles, politiques.

Lorsque j'ai décidé de faire de l'histoire après mon bac, ce n'était pas en pensant aux femmes, d'ailleurs je n'étais pas féministe. Pour mes parents, il était évident que j'allais travailler, gagner ma vie. Au sortir de la guerre de 14-18, qu'il avait faite dans les tranchées, mon père avait dû abandonner l'idée de suivre des études de médecine, son propre père étant mort en 1918 de la grippe espagnole. Il me poussait, moi, sa fille unique, à faire ce qu'il regrettait de n'avoir pu faire. Il me tenait un discours d'indépendance et m'avait même donné un roman de Sinclair Lewis, *Ann Vickers*, l'histoire d'une femme médecin dans l'Amérique des années 1920. Lorsque l'homme qu'elle aime lui demande d'abandonner son métier pour vivre avec lui, elle refuse, en femme émancipée qui pratique même un avortement. Mon père me mettait en garde contre les hommes : « Ne te mets pas trop tôt un homme sur le dos », disait-il. Je m'identifiais à une femme indépendante et, ne rencontrant pas de difficulté particulière, je n'étais pas spécialement révoltée. À la Sorbonne de l'époque, l'atmosphère était assez égalitaire ; au centre Richelieu (catholique) que j'ai fréquenté d'abord, puis chez les étudiants communistes, avec Jacques Ozouf, Jean Nicolas et bien d'autres, l'ambiance était à la franche camaraderie, les filles considérées tout à fait normalement. Rien ne me portait vers le féminisme.

J'ai choisi la discipline historique sans bien me rendre compte de ce qu'elle pouvait être, mais je l'ai choisie volontairement, et je lui dois beaucoup. Comme je dois beaucoup à Ernest Labrousse et à sa rigueur.

L'enseignement d'Ernest Labrousse coïncidait avec les préoccupations politiques d'une partie de la jeunesse de l'époque dont je me sentais proche. L'histoire économique et sociale, qu'il avait introduite à la Sorbonne[1], dominait, en accord avec l'atmosphère politique des années 1950 : c'était la reconstruction, le Parti communiste était très fort, la classe ouvrière essentielle, l'industrialisation au centre de la vie. Pour moi, les ouvriers avaient pris la place des pauvres de mon éducation chrétienne, ils étaient le visage de l'inégalité. Faire de l'histoire économique et sociale, c'était m'intéresser à la classe ouvrière. Je ne pensais pas alors faire une carrière universitaire, c'est Ernest Labrousse qui m'a relancée : « Mademoiselle, ne me laissez pas tomber avec mes grèves », et il a fini par me convaincre d'entreprendre une thèse sur les ouvriers en grève.

Travailler sur les femmes, je n'y songeais même pas. Certes, je trouvais qu'elles étaient dominées. Au moment de l'oral de l'agrégation, j'avais été froissée de voir que les filles passaient les épreuves incognito au lycée Victor-Duruy, alors que l'agrégation masculine se déroulait à la Sorbonne, devant un public nombreux et un jury présidé par le grand historien de l'époque, Fernand Braudel.

Le titre de ma thèse, qui est devenue un livre, *Les Ouvriers en grève**, n'est pas étonnant : à l'époque que j'étudiais, la fin du XIXe, la grève était un acte viril. Les femmes y étaient minoritaires, tout comme dans les usines : les ouvriers considéraient qu'elles n'y avaient pas leur place. Dans ma thèse, j'ai consacré quelques pages aux femmes grévistes, mais aussi aux compagnes et aux épouses des ouvriers. C'est à ce moment-là que j'ai commencé à réfléchir sur ce que l'on appelle aujourd'hui le genre, dans le travail. Mais curieusement, mon point de vue était plutôt masculin. La partie consacrée aux grèves des femmes se

---

* Éditions Mouton, 1974 ; réédition EHESS, 2001.

termine par une appréciation bien condescendante : « Un univers de défaite et de soumission. » Plus tard, j'ai évidemment révisé ce jugement.

Retrouver des traces, surtout au sujet des femmes, peut se révéler difficile, j'en ai fait l'expérience. Dans les années 1970, en préparant ma thèse sur les ouvriers en grève, j'ai pris connaissance du travail d'une sociologue, Madeleine Guilbert, dans *Les Femmes et l'organisation syndicale avant 1914*. En écrivant cet ouvrage fondé sur le dépouillement des congrès ouvriers, elle avait remarqué qu'un seul texte de femme issu d'un de ces congrès avait été publié, celui de Lucie Baud, en 1907, dans une revue socialiste. J'avais retrouvé ce texte remarquable et dix ans plus tard, en 1978, il a illustré le parcours d'une femme ouvrière dans un numéro sur les travaux des femmes du *Mouvement social*, la principale revue d'histoire sociale à laquelle je collaborais. En Isère, dont elle était originaire, un ancien instituteur, Gérard Mingat, a alors commencé des recherches sur Lucie Baud, épluché l'état civil, recherché sa tombe dans les cimetières, retrouvé son petit-fils. Son travail d'enquête a été publié dans une revue locale, *Mémoire du pays de Vizille*. Puis, bien des années après, j'ai à mon tour effectué un travail de terrain et retracé la vie de cette militante dans *Mélancolie ouvrière*[2].

J'ai eu beaucoup de chance : on ne m'a jamais dit que j'étais inférieure aux hommes, au contraire. J'ai été soutenue par mes parents, par mon père notamment, puis portée par ma propre histoire, par mon milieu, mon couple… Je voulais simplement être l'égale des hommes, pas différente. Ma génération ne revendiquait pas le féminin, qui nous avait enfermées. À la limite, nous voulions le dissoudre et être comme les hommes, avoir les mêmes droits.

Quand j'y réfléchis, j'étais un peu aliénée au monde des hommes. Je voulais me libérer du modèle féminin, adhérer au monde masculin, et je trouvais des hommes qui me soutenaient. Plus tard, je me suis rendu compte de ce que cela pouvait représenter comme faiblesse, et comme acceptation. J'ai progressivement pris conscience du fait que j'étais dans un monde sexué et que la domination masculine existait. J'ai compris combien il était difficile, collectivement, de changer les rapports quotidiens, les représentations, les systèmes de pouvoir. Être une femme libérée, ce n'est pas si facile.

À sa parution, en 1949, j'avais lu *Le Deuxième Sexe* de façon hachée parce que j'étais en train de passer l'agrégation et disposais de peu de loisirs. En le reprenant plus tard, je me suis aperçue que ce qu'écrivait Simone de Beauvoir et sa personnalité même correspondaient à ce dont j'avais besoin. L'idée du « devenir femme » – « On ne naît pas femme, on le devient » – a guidé ma réflexion et mon cheminement, tout comme sa vie très libre et son engagement contre les injustices. Là se situe mon éveil au féminisme, sans que j'aie imaginé un seul instant que l'histoire des femmes allait plus tard constituer l'essentiel de mon travail d'historienne.

68, le Mouvement de libération des femmes et l'effervescence des années 1970 furent les véritables déclencheurs... On ne naît pas féministe, on le devient.

Je revendique le féminisme comme mouvement historique et mouvement de pensée toujours actuel, qui conteste la domination masculine, cherche à établir l'égalité entre les sexes et la liberté des femmes. Il reprend la vieille devise révolutionnaire, en remplaçant parfois « fraternité » par « sororité », et produit une pensée riche et féconde grâce à ses nombreuses théoriciennes.

En 1961, dans le laboratoire de recherche auquel j'étais rattachée, j'étais la seule fille parmi les assistants et maîtres-assistants. Dans les réunions communes, les professeurs disaient « messieurs ». J'étais là, dans mon petit coin, et jamais on ne m'a dit « madame », ce qui du reste m'importait peu et m'amusait. C'était un univers masculin. La Sorbonne était un lieu de savoir : j'avais du respect pour ses professeurs, certains pleins d'attention pour leurs élèves, d'autres plus lointains... Mais tous se conformaient à la structure du cours magistral où l'on venait pour entendre, jamais pour discuter. Dans les années 1960, cette disposition verticale a commencé d'être contestée : les étudiants ne voulaient plus de ces cours magistraux. Et en 1968, pendant un mois et demi, toutes les salles de la Sorbonne ont été occupées par des groupes qui affichaient leurs sujets de débats : on y venait ou pas, dans une liberté totale. Il y avait de nombreux échanges, politiques bien sûr, mais aussi autour de la réforme de l'université par exemple. On réclamait une nouvelle université, d'autres formes d'enseignement, d'autres formes de valorisation des savoirs... La saturation des facultés avait été l'une des raisons de l'embrasement de 1968. Assisté de François Furet, directeur d'études à l'EHESS, le ministre de l'Éducation nationale, Edgar Faure, a alors travaillé à la création de nouvelles universités pluridisciplinaires, parmi lesquelles Paris VII (Jussieu) et Paris VIII (Vincennes).

Ce fut une période extraordinaire. Le mot d'ordre était « Organisez, créez ». À la Sorbonne, on demandait aux enseignants où ils voulaient travailler, ce que l'on n'avait jamais demandé à personne. J'y étais déjà maître-assistante mais j'avais envie d'autre chose : j'ai opté pour Jussieu, avec Emmanuel Le Roy Ladurie, en attente du Collège de France, et Jean Chesneaux, spécialiste de l'histoire de la Chine.

L'université de Jussieu a été très soutenue par les historiens progressistes, notamment ceux de l'École pratique des hautes études (EPHE), François Furet et Pierre Vidal-Naquet au premier chef. Il y régnait un grand bouillonnement intellectuel, associé à un travail considérable. Il fallait tout organiser, les cours, les unités de valeur... sans savoir exactement quel serait le public de l'université. Un certain nombre d'étudiants de la Sorbonne, les plus militants, les plus ouverts, qui avaient « fait Mai 68 », choisirent alors de rejoindre ces nouveaux établissements. Ce fut un moment assez unique de brassage des enseignants, des étudiants, et l'avènement d'un modèle original d'enseignement.

Au début des années 1950, l'égalité n'existait pas encore, même si elle gagnait du terrain, notamment dans les milieux intellectuels et progressistes. Les célibataires avaient alors beaucoup plus de droits que les femmes mariées : quand j'ai commencé à enseigner, mon salaire était versé sur mon compte-chèques. Après mon mariage, en 1953, il a fallu que mon mari signe les chèques. Ça le faisait rire, lui qui était un homme totalement égalitaire... Dans notre couple, il n'y avait pas de problème, encore que... J'avais obtenu mon permis de conduire avant mon mari, qui avait été collé et en avait été très malheureux. Mais lorsqu'il a pu conduire, j'ai eu du mal à reprendre le volant !

En fait, j'étais comme privilégiée ; dans les années 1950 j'avais pris conscience de ma condition de bourgeoise ; dans les années 1970 j'ai pris conscience de ma solidarité avec les autres femmes. Alors je me suis sentie vraiment féministe, et j'ai fait partie de cette lame de fond qui bouleversait la société française. Au fil des ans, j'ai été témoin et actrice. Cela ne va pas toujours ensemble, il y a des moments où l'on est surtout dans la rue, d'autres où l'on est surtout dans son bureau. Certes, la protestation, l'action élémentaire, est fondamentale, c'est la preuve physique, matérielle d'un engagement. Mais dans une manifestation, je suis d'abord citoyenne : je n'ai jamais voulu apparaître comme une idéologue du mouvement, ni comme une militante.

Je suis historienne, et féministe. La nuance est très importante : je ne suis pas une historienne féministe, je ne sers pas de cause, même si le féminisme a joué un très grand rôle dans ma vie. Je récuse l'idée d'une histoire « au service de ». Le métier d'historien a des exigences, disait Marc Bloch, il ne faut pas tout confondre. En tant qu'historienne, je ne porte pas la parole : j'essaie de la faire entendre, de la révéler, mais mon rôle s'arrête là.

Lorsque j'avais voulu m'intéresser aux ouvriers, comme beaucoup d'étudiants de ma génération, c'était parce que la question sociale était primordiale. Mais contrairement aux communistes, je ne voulais pas faire l'hagiographie du monde ouvrier. J'avais rédigé un petit texte sur la grève de Decazeville, en 1886. En général, à la fin du XIXe, les ouvriers ne se montraient pas aussi violents. Cette fois-là pourtant, ils tuent un ingénieur : dans un mouvement de foule, ils envahissent la pièce où il se trouve et le défenestrent. Quand sa mort est constatée, ils n'expriment pas de regrets et prétendent avoir « tué l'exploiteur », transformant sa mort en un haut fait du mouvement ouvrier. Des ouvriers sont alors traduits en justice parce qu'ils ont tué et il y a, dans les journaux ouvriers de l'époque, notamment *Le Cri du peuple* de Jules Vallès, des souscriptions pour les enfants des « justiciers ». Les ouvriers envoient un sou, dix sous, joignant à leurs oboles des messages très variés. J'avais pensé que décrypter ces messages pouvait se révéler intéressant pour comprendre la pensée des ouvriers révoltés. C'était un beau sujet, que les communistes m'ont dit vouloir publier. Mais dans mon texte, j'avais écrit que, lors de leurs réunions au cabaret, les ouvriers de Decazeville buvaient trop, qu'ils étaient parfois pris de boisson. Le directeur des Éditions sociales, Robert Brécy, a approuvé cette notation mais ses supérieurs communistes ont déclaré que la classe ouvrière avait toujours raison et que je devais retirer mon observation. J'étais sidérée. J'avais aussi vaguement critiqué Lénine, ce qui était impardonnable. J'avais donc le choix entre gommer ma phrase ou laisser tomber. Le texte ne fut jamais publié*. Pourtant, le peuple n'a pas toujours raison, et les femmes non plus. Le fait d'être victime ou dominé n'autorise pas tout.

Au début des années 1970, je me suis interrogée sur l'écart entre mes prises de position militantes et mon mutisme sur les femmes dans mon enseignement. Je demeurais fidèle à l'histoire économique et sociale, parlais des ouvriers, des enquêtes sociales, mais pas des femmes. C'est alors qu'avec d'autres historiennes, Pauline Schmitt-Pantel, Arlette Farge, Christiane Klapisch-Zuber, Nancy Green et Cécile Dauphin, nous nous sommes engagées dans un travail d'appropriation. À l'École des hautes études,

---

* Le texte, d'une centaine de pages, a été déposé aux Archives nationales.

nous avons créé un séminaire et décidé de lire tout ce qui avait été produit dans le domaine de l'anthropologie et de l'histoire des femmes. Nous avions le sentiment de manquer d'instruments de réflexion et pensions que, sur ce plan, les historiennes anglosaxonnes, américaines surtout, étaient bien plus en avance que nous. Mon amie l'Américaine Joan Scott[3] a participé à ce séminaire. Après avoir travaillé sur le mouvement ouvrier, en particulier sur les verriers de Carmaux, elle a consacré son travail aux femmes. En 1978, elle a publié aux États-Unis *Women, Work and Family*[4]. Ce fut une rencontre capitale parce que nous avions le même parcours intellectuel. Dans son livre, elle accordait une importance particulière au travail ; pour moi qui venais de l'histoire du travail, c'était aussi tout à fait essentiel.

Jusque-là, mes amies femmes étaient mes amies d'enfance, rencontrées au cours Bossuet où j'avais été élève. Mais nous avions eu des destins différents. La plupart n'avaient pas passé le baccalauréat et n'avaient qu'une idée : trouver un mari qu'elles aimeraient, car elles attachaient une grande importance à l'amour, en ayant conscience des concessions inévitables à faire, et elles y étaient prêtes. Dans notre éducation, l'idée de l'acceptation était fondamentale. J'avais suivi une autre voie, j'étais partie, je les avais quittées. Doucement, j'ai perdu de vue ces amies d'enfance. À Caen, j'ai eu la chance de rencontrer Nicole Le Douarin, grande biologiste, et Mona Ozouf, devenues des amies pour la vie. C'est alors que j'ai vraiment découvert l'amitié féminine.

Et j'ai trouvé ça formidable. Dans nos relations, il y avait une liberté de parole, beaucoup de décontraction, beaucoup de joie. Les féministes des années 1970-1980 étaient drôles, leurs slogans (*Le torchon brûle…*), leurs banderoles aussi. Nous nous amusions beaucoup.

Médiation

J'ai toujours distingué mon engagement féministe et mon travail d'historienne. L'histoire est un instrument de compréhension, de recherche d'une vérité, c'est un exercice ambitieux et exigeant. Elle donne des instruments pour critiquer, et aussi pour penser contre soi-même. Une position peut être démentie par l'étude des faits : il faut se défier de soi, admettre qu'on peut se tromper.

L'historien est le médiateur de la parole. Il la fait apparaître, sortir de l'obscurité, la rend publique. Son rôle n'est pas d'être un porte-parole militant : l'histoire, ce sont des faits, des événements, que le rôle de l'historien est de chercher et comprendre. Néanmoins, je sais bien que celui qui écrit l'histoire est aussi le produit de son temps. La prise en compte des événements change avec la manière dont on les regarde.

Chacun d'entre nous est situé : dans un temps, un milieu, une génération. On parle toujours de quelque part. L'histoire ne peut prétendre au statut de science, elle reste un art, mais avec une exigence de vérité. Au XIXe siècle et au début du XXe siècle, les historiens considéraient qu'il fallait s'emparer d'outils scientifiques pour chercher le vrai. Mais ils ne se posaient pas la question d'eux-mêmes comme sujets. Or il est nécessaire de commencer par un travail sur soi-même : chercher à savoir qui on est, d'où l'on parle, se demander pourquoi on a choisi l'histoire et tel ou tel sujet, comment on regarde les sources du passé, avec quelle formation. Après la Seconde Guerre mondiale, les historiens sont devenus de plus en plus conscients de leur démarche et, à partir des années 1970, ils se sont posé la question de manière plus systématique. Quand Pierre Nora suscite les *Essais d'ego-histoire*[5], sa question est : « Pourquoi faites-vous de l'histoire ? Et pourquoi avez-vous fait l'histoire que vous faites ? » C'est caractéristique de la question de la situation posée par Sartre. L'ego-histoire découle à la fois du sartro-marxisme et de la psychanalyse.

Le legs du passé s'apparente à un dépôt géologique, à ces strates qui constituent le socle de la Terre depuis des millénaires. Si l'on atteint bientôt le permafrost parce que les banquises sont, hélas, en train de fondre, on va, dit-on, y découvrir des composants encore inconnus. Le message évolutionniste de Charles Darwin est toujours très actuel : on ne naît pas de rien, même si on le croit. Nous, historiennes et historiens, parlons du passé, de son legs, et cherchons à savoir comment étaient structurées les sociétés du passé entre les hommes et les femmes. Apparemment oublié, le passé subsiste et se transmet, sans que l'on comprenne toujours le processus de transmission. Montrer, rechercher les origines d'un fait, comprendre comment il s'est produit à travers le temps, chercher les similitudes et les différences, tel est le rôle modeste de l'histoire. Toute innovation, tout événement recombinent des éléments passés et contemporains, et produisent de l'inédit.

L'histoire en train de se faire est la plus difficile de toutes. On dispose à la fois des éléments du passé et des éléments transformateurs, mais rien n'est déterminé, à l'inverse de ce qu'affirmait le marxisme. Comme l'écrit Jacques Monod dans *Le Hasard et la Nécessité*, il ne faut pas minorer les effets du hasard. De la même façon, le travail d'un historien n'est pas immuable. Ceux et celles qui s'en saisissent vont le reprendre, le réinterpréter, le redécouvrir, parfois même l'oublier pour se le réapproprier... Les livres que j'ai écrits peuvent servir à de jeunes féministes. Elles vont porter sur eux un regard critique, y voir d'éventuels oublis : c'est à elles de s'emparer des thématiques qui les composent et de les transformer en fonction de l'évolution de la société.

Le récit historique est un instrument critique. Il participe à la déconstruction des évidences et à l'émergence d'objets nouveaux, en rapport avec des questions et des perceptions nouvelles. Ainsi la manière dont on traite les enfants. Pendant très longtemps, battre un enfant était presque normal. Une taloche... Ma grand-mère me donnait des taloches, pas bien méchantes, un aller et retour comme elle disait. Ma mère considérait que battre un enfant était horrible et qu'il fallait toujours protester, mais elle était un peu isolée. Aujourd'hui, c'est devenu intolérable, révoltant pour la majorité des gens. L'évolution est similaire concernant les animaux, au point qu'on hésite aujourd'hui à manger de la viande. On pourrait multiplier les exemples de changement rapide de sensibilité. Pendant des millénaires, les gens auraient été surpris que l'on critique la peine de mort.

L'histoire est-elle subjective ? En partie, par le regard que l'on porte. Si j'ai décidé un jour de faire l'histoire des femmes, ce n'était pas anodin. Mais la formation historique telle qu'elle s'est élaborée et renforcée au XIXe, puis surtout au XXe siècle, implique une exigence de rigueur. L'histoire n'est pas la littérature, même si elle peut s'appuyer sur elle. Chercher des sources, c'est ce que Marc Bloch appelait « le métier d'historien ».

La complexité fait partie des choses à découvrir, à décortiquer et à analyser. Lorsqu'on reproche à Edgar Morin de ne pas avoir une pensée assez structurée, il répond qu'il faut se méfier des pensées structurées parce qu'elles donnent de fausses réponses à de vrais problèmes[6]. Aujourd'hui, nous vivons dans une fluidité déconcertante, dans la plus grande complexité et il est fondamental d'avoir les instruments pour l'appréhender. Je trouve réjouissant que, depuis une trentaine d'années, on valorise beaucoup l'écriture de l'histoire. L'effort d'écriture des historiens, comme la plus grande clarté d'expression des scientifiques, associés à des facilités de communication beaucoup plus grandes qu'autrefois, jouent un grand rôle dans la manière nouvelle de voir les choses. Les savoirs s'interpénètrent, se partagent, et cela n'enlève rien à leur qualité scientifique, au contraire. L'essentiel, c'est la liberté de la recherche. Avant de léguer, il faut découvrir.

Écrire l'histoire des femmes

L'histoire est un regard. Les questions que se posent les historiens vont les guider dans leur quête. « Les femmes ont-elles une histoire ? » a été l'interrogation première au fondement de l'histoire des femmes. Nous y avons progressivement répondu par l'affirmative : elles ont une histoire et on peut l'écrire. Pour cela, il a fallu chercher des sources. Quelles sont les sources ? Sont-elles les mêmes selon les périodes ? Questions fondamentales pour les historiens. Les sources sont de tous ordres : à certaines époques, l'écrit prédomine, mais des lieux, des objets, des peintures peuvent aussi nous aider à décrypter l'image des femmes dans le quotidien à partir des représentations masculines, puisque ce sont majoritairement les hommes qui peignent. À la question des sources, il faut donc associer celle des représentations. Ces femmes que l'on voit sur des fresques, par exemple, que nous enseignent-elles sur la manière dont elles vivaient mais aussi dont elles étaient situées dans la société, honorées, humiliées… ? Ces questions ouvrent de nouveaux champs de recherche.

Jusqu'aux années 1970, on ne parlait pas beaucoup des femmes, sauf de pionnières comme Marguerite Thibert ou Édith Thomas. L'histoire a été écrite par des hommes, avec un regard masculin occultant les femmes, entraînant silence et oubli. L'idée de les réintroduire dans la trame historique n'est pas seulement le fait d'une démarche féministe. C'est d'abord et surtout une revendication de vérité.

L'horizon s'est beaucoup élargi dans les années 1970-1980 avec la « Nouvelle Histoire », dont les grands maîtres furent Philippe Ariès, Georges Duby, Emmanuel Le Roy Ladurie, Jacques Le Goff, Jacques Revel, Roger Chartier et, d'une autre manière, Michel Foucault. L'histoire des femmes a trouvé là un terreau favorable et a contribué au renouvellement global.

Dans l'histoire qui se concentre sur l'espace public – les événements, les guerres, le pouvoir politique –, les femmes ne sont pas présentes, ou bien exceptionnellement. Lorsque le regard sur le passé se modifie et englobe ces choses si essentielles que sont la vie privée, la famille, la maladie, la mort, le corps, le quotidien, on les y trouve. La société ne fonctionnerait pas sans leur travail invisible, journalier, répété, obscur, oublié, silencieux. De ce point de vue, la démographie historique, qui s'est beaucoup développée depuis 1950, a joué un rôle important : je pense à ce que Louis Henry* a fait pour la reconstitution des familles à travers le temps en vue de comprendre

---

* Louis Henry (1911-1991), polytechnicien, démographe.

l'évolution de la natalité et de la mortalité. La natalité concerne les deux sexes, mais d'abord le corps des femmes, leur vie, leur ventre. Ce travail a donc contribué à les rendre visibles.

Plus récemment, Christiane Klapisch-Zuber[1] a entrepris un travail de démographie historique remarquable. Elle a trouvé un texte extraordinaire : le *Catasto* florentin, un registre de 1427 recensant les soixante mille ménages que Florence comptait à cette époque, avec leur composition, leurs biens... À partir de ces données passionnantes, elle s'est interrogée sur la place des femmes dans la cité florentine, a cherché des informations en filigrane du document : l'âge auquel les femmes se mariaient ; celui auquel elles avaient leur premier enfant ; le nombre d'enfants ; l'espacement des enfants dans le foyer ; le nombre de mortes en couches... À défaut de leur parole, la démographie historique permet de saisir la condition des femmes. Elle représente un apport très important dans la démarche contemporaine des historiens : il y a cinquante ans, nous ne posions pas les mêmes questions. Les questions changent et, avec elles, les sources et leur traitement. Poser la question des rapports entre les sexes, c'est modifier la nature même du travail historique dans ses procédures, ses questions, sa construction...

Ainsi, lorsqu'on a commencé à s'interroger sur les femmes pauvres, il a fallu trouver des sources. Ces femmes, on les rencontre dans des textes littéraires, à commencer par les contes : *Le Petit Poucet*, *Le Petit Chaperon rouge*, ou la fable *La Laitière et le pot au lait…* La littérature est un monde gigantesque dont les auteurs, souvent des hommes, laissent percer beaucoup d'éléments d'information au-delà de ce qu'ils ont voulu dire. La mère du Petit Poucet est l'exemple même de la femme pauvre qui, ne sachant plus comment nourrir ses nombreux enfants, les envoie sur les routes, où ils sont exposés à tous les dangers. Dans *La Laitière et le pot au lait*, La Fontaine décrit plutôt le rôle qui était attribué aux femmes. En principe, les paysannes n'allaient pas au marché, c'était le mari qui s'en chargeait. Perrette s'y rend néanmoins pour vendre son lait, et fait des projets qui lui permettraient d'accéder à un circuit monétaire. Malheur ! Elle casse le pot au lait. La morale de l'histoire est qu'une femme prend des risques en voulant s'introduire dans ce circuit : dans le monde des hommes, elle n'en est pas capable. La littérature, la poésie, le roman d'abord peut-être, nous dévoilent bien des informations sur la condition des femmes.

Au XIXe siècle, les contes ruraux, tout comme les romans de George Sand tels *La Petite Fadette* ou *François le Champi* constituent de remarquables sources de renseignements sur la vie des femmes berrichonnes. Sand n'en fait pas des victimes mais des héroïnes qui retournent des situations de domination, une sorte de message positif qui témoigne de leur importance. La littérature, surtout si elle émane d'écrivaines, permet d'entendre l'écho des voix féminines, d'apercevoir leur situation. Quand elles prennent la plume, les femmes cherchent souvent à faire entendre les leurs. Elles parlent avec leur voix.

Même la comtesse de Ségur les fait émerger dans *Les Malheurs de Sophie* ou *Les Petites Filles modèle*s...

Pour qu'une expression publique surgisse il faut que des failles dans le système de pouvoir le permettent : l'histoire du féminisme se fait de cette façon. Dans la France du XIXe, celle des révolutions (1830, 1848, la Commune...), chaque fois que des brèches sont ouvertes, des femmes apparaissent et posent des problèmes de femmes. On a appelé cela des « vagues ». Dans les années 1830-1835, au moment de la révolution libérale de Louis-Philippe, un mouvement féministe produit des journaux remarquables tels que *La Femme libre*[2]. Ce n'est pas un mouvement de masse, il s'agit de centaines de femmes plutôt que de milliers. La révolution de 1848 est un épisode très intéressant, parce que s'y pose la question du droit de vote qui montre les divisions des femmes. Tandis que les « femmes de 48 » se battent pour ce droit[3], George Sand, par exemple, donne priorité aux droits civils sur l'accès à la politique, qu'elle pense prématuré.

Mai 68 a posé de nouvelles questions, avec un intérêt plus grand pour les marges, pour ceux qui n'avaient pas la parole, les invisibles, et les femmes. L'histoire orale s'est développée à l'Institut d'histoire du temps présent, autour de Danièle Voldman, avec la volonté de donner à entendre une parole qu'on n'entendait pas, en tendant le micro[4]. À Marseille notamment, des groupes se sont organisés pour aller enquêter dans les milieux défavorisés. À l'époque, on a beaucoup dit que l'historien était devenu un porteur de micro. J'ai énormément appris grâce aux témoignages recueillis par d'autres historiennes sur la vie privée dans les classes populaires. Chez les ouvriers, les hommes parlaient de leur vie publique, du mouvement ouvrier, de leurs revendications, des grèves qu'ils avaient faites, mais se taisaient dès qu'il s'agissait de la famille : « Ça, c'est ma femme », expliquaient-ils. Les couples ouvriers reproduisaient le schéma sur lequel s'était construite la vie sociale au XIXe siècle : le public pour les hommes, le privé pour les femmes. L'histoire orale le montrait avec éclat : les femmes ne parlaient ni de l'usine ni du travail, elles s'exprimaient sur la famille, les enfants, les difficultés quotidiennes. Il faut aussi citer le travail de Rolande Trempé autour de la Résistance à Marseille[5] : elle a enregistré un grand nombre de témoignages de résistantes tandis qu'une de ses amies filmait. L'idée de recueillir la parole de témoins avait pris une grande importance en raison du travail sur la Shoah. À cet égard, l'entreprise de Claude Lanzmann est fondamentale : journaliste, il a renouvelé la façon de faire de l'histoire en allant chercher des témoins directs.

Aujourd'hui, les sources se multiplient. Prenons l'exemple de la journaliste Florence Aubenas, et de son livre-enquête *Le Quai de Ouistreham*[6]. Après avoir obtenu cet emploi très modeste qui consiste à nettoyer le sol et à récurer les toilettes, elle a pu prendre la mesure de ce qu'était ce travail, a rencontré celles dont c'était le métier. Ce type de démarche n'est pas si fréquent : il reste des poches énormes d'invisibilité qu'il est possible de percer grâce au travail d'enquêtrices comme Florence Aubenas.

« Les femmes : que sait-on d'elles ? »

Quand j'ai commencé à réfléchir à l'histoire des femmes, avant de penser « féministes », je pensais « femmes » : la famille, le travail, la sexualité (encore timidement à cette époque), leur vie au sens très large, leur résistance. Quand nous avons publié l'*Histoire des femmes en Occident*, en 1991-1992, cela faisait presque vingt ans qu'à Jussieu, Fabienne Bock, Pauline Schmitt-Pantel[7] et moi-même avions mis en place un cours qui a fait date : « Les femmes ont-elles une histoire ? » Il y avait alors une béance, les femmes étaient « les grandes oubliées de l'histoire[8] ». Il fallait se tourner vers l'ethnologie ou l'anthropologie pour les voir apparaître.

En 1983, Georges Duby avait publié *Le Chevalier, la femme et le prêtre*[9], livre que nous, historiennes, avions lu avec intérêt, et dont la dernière phrase, « Mais les femmes, que sait-on d'elles ? », posait la question du silence de l'histoire à leur propos. Et d'autres hommes aussi étaient sensibles au sujet : dans *Les Filles de noce*[10], Alain Corbin s'intéressait à la prostitution, il se posait la question de la sexualité des hommes qui recourent aux prostituées en raison de la pauvreté de leur sexualité conjugale. Même si son point de vue n'était pas tant les femmes que la sexualité, c'était un allié. Nous avions, bien sûr, déjà commencé à travailler sur la question. C'est aux femmes qu'il revenait d'écrire cette histoire, il fallait que nous, historiennes, nous en emparions.

Au début des années 1980, Georges Duby et Philippe Ariès[11] décidèrent de se lancer dans une histoire de la vie privée. Sur la suggestion de Michel Winock, Georges Duby me demanda de m'occuper du XIXe siècle. La vie privée, c'était passionnant : prendre en compte tout à la fois la famille, la maison, le secret, les rapports amoureux, et les femmes, bien entendu.

Ce que nous avions fait à Jussieu en proposant un cours sur les femmes, ce mouvement de réflexion autour de leur histoire, se retrouvait dans bien d'autres universités. Je voudrais insister sur son aspect collectif. Il y avait alors une effervescence incroyable. À Aix-Marseille, les travaux s'organisaient autour d'Yvonne Knibiehler[12], une grande historienne dont le champ de recherche était la maternité, avec cette question : comment concilier féminisme et maternité ? Elle a organisé en 1978 un des premiers grands colloques sur le sujet, « Femmes et sciences humaines », un moment passionnant. Toulouse, avec Rolande Trempé, était aussi un pôle important. Rolande ne se reconnaissait pas comme féministe : pour elle, et jusqu'à sa mort en 2016, le social resterait le plus important. Mais elle avait des collègues très engagées, Marie-France Brive et Agnès Fine, grâce auxquelles le grand colloque « Les femmes, le féminisme et les sciences sociales » a pu être organisé à Toulouse, en 1982.

À Jussieu, le cours sur l'histoire des femmes fut mis en place en 1973, puis deux séminaires de recherche furent ouverts, l'un à l'intention des étudiantes et des étudiants, et l'autre, à l'École des hautes études, pensé comme un groupe de travail privé. De nombreux échanges avec l'étranger avaient lieu, du moins dans le monde occidental.

Marx disait que tout savoir suppose une accumulation primitive. Pionnières de l'histoire des femmes, nous traversions cette phase : nous défrichions, nous découvrions, surtout du côté des États-Unis. Avec Pauline Schmitt-Pantel notamment, nous avons passé beaucoup de temps à décrypter la pensée des féministes américaines, dont l'importance ne date pas d'aujourd'hui. L'idée de la transmission est venue plus tardivement. Elle suppose que le temps de la création et de l'accumulation primitive soit déjà avancé. En ce qui me concerne, un peu naïvement, je niais le temps, je m'imaginais toujours jeune, sur le terrain, en train de défricher...

En 1990, Pauline Schmitt-Pantel et moi sommes allées parler de notre projet d'histoire des femmes à Genève. Au cours du débat, un jeune homme, que j'ai identifié par la suite comme étant d'origine maghrébine, a pris la parole : « Ne représentez-vous pas les femmes occidentales ? Avez-vous raison de dire que vous êtes "toutes les femmes" ? » Pauline et moi l'avons écouté et c'est à la suite de cette remarque que nous est venue l'idée du titre *Histoire des femmes en Occident*. Dans l'introduction, nous justifions le titre en expliquant que c'est aux femmes asiatiques, africaines... d'écrire leur propre histoire.

Ombres légères

D'où vient la domination masculine ? A-t-elle toujours existé ou s'est-elle instaurée ? La question des femmes était neuve. Notre travail a consisté à mettre au jour le système de domination dans lequel se trouvaient les femmes. Mais d'abord, il fallait sortir du silence, trouver des sources.

Certes, d'autres nous avaient précédées. Nicole Pellegrin[13], spécialiste de la Renaissance, a effectué des recherches et découvert des historiennes, dans les milieux religieux, mais pas seulement, qui de longue date ont essayé de trouver des modèles féminins : elles ont transmis l'histoire des saintes, des reines, éventuellement des courtisanes, de femmes mémorables. L'idée de « femmes mémorables » est une idée qui court du XVIe au XIXe siècle. Exceptionnelles et puissantes, elles sont en rupture avec l'ordre habituel. Elles franchissent des obstacles, exercent des formes de pouvoir, familial, politique, culturel, artistique, et c'est en cela que leur histoire est intéressante. Ce sont elles qu'on voit d'abord émerger : Sappho à l'époque grecque, plus tard Artemisia Gentileschi pour la peinture, puis par exemple Marie Curie pour les sciences, et bien d'autres. Les femmes exceptionnelles vont là où on ne les attendait pas, où on ne les souhaitait pas, où on ne les voulait pas.

Ce qui est fascinant, c'est d'observer la façon dont elles ont surmonté les obstacles et ce qu'elles ont fait ensuite ; si, par exemple, elles ont exercé un pouvoir politique et comment. Ayant eu tellement de mal à franchir ces obstacles, elles ont souvent voulu faire la même chose que les hommes et comme eux. Récemment encore, Léa Salamé s'est intéressée aux femmes « puissantes », dans une série d'émissions radiophoniques qui est devenue un livre*.

Mais la prise en compte de l'ensemble des femmes, dans le domaine du féminisme comme dans la vie quotidienne, est liée au mouvement des années 1970. Aborder la question des femmes ordinaires nécessite un mode de recherche particulier : plutôt que des biographies, on va chercher des correspondances, des journaux intimes, des témoignages d'inconnues. Philippe Lejeune est le découvreur de ce que l'on appelle « l'autobiographie » et le fondateur de l'Association pour l'autobiographie (APA). Il a rassemblé des archives privées constituées majoritairement de journaux et de correspondances de femmes. Dans les années 1980, ces archives ont été recueillies par des bibliothécaires d'Ambérieu-en-Bugey, après que les Archives nationales les eurent refusées. Cette matière nouvelle a modifié le travail historique. Les abbesses** et des femmes cultivées du XVIIe ou du XVIIIe siècle écrivaient sur des femmes exceptionnelles.

---

* *Femmes puissantes*, France Inter/Les Arènes, 2020.
** Abbesse : mère supérieure d'une abbaye ou d'un monastère de religieuses.

En élargissant le champ des sources, on a modifié ce que l'on évoquait. Les perspectives ont changé également : on a commencé par écrire l'histoire des femmes en tant qu'« actrices », puis on a parlé des femmes victimes.

Mais les femmes n'ont pas seulement été victimes ou dominées : elles ont aimé, elles ont désiré, elles ont travaillé, elles ont agi. En écrivant l'histoire des femmes, nous avons voulu parler d'elles comme « actrices », qu'il s'agisse de celles que nous connaissons, qui ont bousculé leur temps, ou des autres, plus discrètes. Nous nous réclamions de notre qualité d'historiennes et voulions faire une histoire qui n'existait pas encore et serait digne d'intérêt pour la compréhension générale de l'histoire. Comme on l'a vu, nous ne nous disions pas historiennes féministes, mais historiennes *et* féministes. Néanmoins, beaucoup de militantes non historiennes ont revendiqué l'histoire des femmes comme une profession de foi, y cherchant des arguments pour combattre la domination masculine. De sorte que l'enseignement des femmes à l'université a d'abord été considéré comme militant.

Avec une certaine condescendance, on trouvait souvent l'histoire des femmes bien sympathique, mais pas très scientifique. On en avait déjà vu tellement avec les communistes et leurs œillères, leur réinterprétation de l'histoire à l'aune de la vérité du Parti... Malgré l'intérêt qu'ils manifestaient pour notre démarche, certains hommes restaient méfiants.

L'oubli est ce qui domine, partout, il fait partie de toute histoire. Dans le cas de l'histoire des femmes, il y a un réel problème de transmission. Elles replongent le plus souvent dans l'obscurité. Très fréquemment, elles n'ont pas cherché elles-mêmes à développer leur mémoire, détruisent leurs lettres d'amour, par exemple, alors qu'elles ne détruisent pas toujours celles des hommes... Les femmes sont ombres légères, elles ont en tout cas laissé moins de traces. Il fallait donc les sortir de l'ombre avec légèreté et talent, les mettre en avant dans l'histoire en écrivant leur vie, en parlant d'elles. Il fallait les faire apparaître.

La trace des femmes à travers la création

À partir du moment où l'on se pose la question des traces des femmes on en trouve, même si elles sont moins nombreuses que celles des hommes. Un récit historique, c'est une recherche. Un des meilleurs exemples est la préhistoire : l'évolution du récit préhistorique est fabuleuse. C'est sans doute dans cette période qu'on a fait le plus de trouvailles depuis un demi-siècle. Je pense aux travaux de Claudine Cohen[14] par exemple, et de beaucoup d'autres. Une découverte m'a fascinée : quand on s'est mis à étudier à l'aide des technologies modernes les traces des mains sur les grottes, on a trouvé autant, voire plus de mains de femmes que d'hommes. Et aussi des mains d'enfants. Que signifiait donc ce geste d'apposition des mains ? Les préhistoriens considèrent qu'il était sans doute religieux. Certains spécialistes parviennent même à faire des hypothèses sur l'évolution des rapports entre les sexes dans la préhistoire. Le moment de la sédentarisation, par exemple, n'est pas vraiment favorable aux femmes : la séparation se fait alors entre l'espace qui leur est dévolu, la maison, la hutte, bref, la sédentarité, et l'extérieur, le domaine des hommes. Le Néolithique est la période du chef : les hommes chassent, se font la guerre, disposent des armes. L'homme chasseur, le chef de bande, serait devenu la figure du pouvoir. Engels et Marx accusaient le capitalisme d'avoir créé la grande inégalité entre les sexes. Leur théorie a été fortement contestée et on a même prouvé que cela n'avait rien à voir. Pascal Picq, paléoanthropologue, écrit que « l'évolution créa la femme[15] ».

Chez les Grecs déjà, le *pneuma*, le souffle de l'inspiration, est dit masculin. De même que le pouvoir de génération : les Anciens pensaient que c'étaient les hommes qui engendraient, les femmes n'étant que des ventres, des réceptacles seulement capables de reproduire, de recopier. Pour eux, la création était masculine. Au Louvre, on peut voir des représentations datant du XIXe siècle de femmes copistes en train de dessiner. Elles ne produisent pas, elles « reproduisent » et il n'est nullement question de leur propre imagination. La création est un acte initial par lequel un créateur masculin fait émerger des formes, des idées, des musiques nouvelles, tout ce qui va changer le monde.

De tout temps, l'accès des femmes à la peinture s'est révélé particulièrement difficile, et plus largement l'accès à la création des images, à cet imaginaire qui, en définitive, est une dimension de pouvoir et de fabrication du monde. Il n'y a pas de mot pour désigner une femme peintre. Artemisia Gentileschi[16] est un exemple célèbre : au XVIIIᵉ siècle, à Venise, elle aidait son père dans son atelier, où elle côtoyait des jeunes gens, parce qu'elle voulait peindre. Elle a été violée, et son père ne l'a pas soutenue parce qu'elle outrepassait ce qui était accepté d'une femme à cette époque. Berthe Morisot est une merveilleuse peintre. Manet, dont elle était la belle-sœur, l'aimait beaucoup, mais elle n'avait pas pour autant un accès « normal » au métier de peintre : elle avait aménagé son atelier dans un coin de son salon et sa fille Julie lui servait de modèle. Il y a quelques années, le public du Musée d'Orsay a été déconcerté par une exposition de peintures de nus masculins. Le nu masculin a longtemps été un problème fondamental. Jusqu'à la fin du XIXᵉ siècle, il n'était pas question que les filles aillent dans les ateliers des garçons ou à l'École des beaux-arts. Une jeune fille ne devait pas voir d'homme nu jusqu'à sa nuit de noces, au cours de laquelle elle découvrait le corps de son mari. À partir de 1900, les esprits ayant évolué, l'École des beaux-arts, à Paris, a été ouverte aux filles. Pour une fois, la France était en avance et on a vu arriver des Suédoises, des Allemandes, à la fois parce qu'elles pouvaient accéder à l'enseignement et parce que Paris était tout de même une ville de rupture.

Il n'y a pas de mathématiques féminines ou masculines, il n'y a pas, dans le domaine scientifique, une manière féminine et une manière masculine de travailler, il existe un universel dans la pratique. C'est peut-être différent dans les arts et l'écriture, liés à l'existence des créateurs. On peut imaginer qu'une écriture de femme apporte une singularité parce qu'elle a une expérience différente de celle des hommes.

Accéder à la création est une frontière qu'il a été difficile de franchir dans tous les domaines, à commencer par l'écriture. Comme le constatait Frédéric Nietzsche : les femmes font des enfants et les hommes font des livres (ce qui ne veut pas dire qu'il le pensait lui-même). Au XIXe siècle, dès qu'une femme s'adonne à l'écriture, elle quitte la féminité, s'exclut du champ de la séduction. Marceline Desbordes-Valmore, une poétesse magnifique d'origine modeste, disait : « Les femmes, je le sais, ne doivent pas écrire. J'écris pourtant. » Fort heureusement, elle avait rencontré un homme qui l'épaulait. Elle voulait être poète, mais la poésie était considérée comme l'art littéraire suprême, un art masculin, pas un art de femme.

Claire Bretécher est un merveilleux exemple de ce qu'une femme peut faire quand elle est douée et utilise ses dons pour s'affirmer. Elle avait beaucoup d'humour, se moquait aussi des femmes… J'aimerais étudier de plus près comment elle créait, comment elle traitait ses héroïnes. Elle a ouvert la voie à bien des femmes.

Pour que les femmes puissent accéder à la création artistique, il fallait que celle-ci soit peu valorisée. Ce fut le cas pour la photographie, qui, à l'origine, n'était pas considérée comme un art, et dont elles se sont emparées. L'appareil photo sert d'abord à immortaliser la famille, avant que quelques femmes sortent du cercle familial, aillent photographier ailleurs et deviennent de grandes artistes. *Une histoire mondiale des femmes photographes*[17] (2020) raconte l'histoire de ces pionnières. La même chose s'est produite avec le cinéma, au départ art mineur, art populaire peu considéré, auquel les femmes avaient donc accès. À partir du moment où il s'est révélé plus lucratif, où il a conquis une place plus centrale dans la culture, les hommes s'en sont emparés.

Le journalisme est un des domaines où les femmes ont pu s'imposer dès la fin du XIXe siècle. En 1897, Marguerite Durand avait créé *La Fronde*, premier quotidien au monde géré, rédigé et diffusé par des femmes. Elle s'était entourée exclusivement de femmes et voulait montrer qu'elles pouvaient faire un journalisme professionnel : il n'y a pas un seul article écrit par un homme dans *La Fronde*. Des femmes très brillantes, comme Séverine[18], siégeaient au comité de rédaction. Cette journaliste professionnelle, qui dirigea *Le Cri du peuple* après la mort de Jules Vallès, son compagnon, était aussi grand reporter et se déplaçait volontiers, par exemple à Rennes, pour suivre le procès en révision d'Alfred Dreyfus. *La Fronde* était dreyfusarde et tout à fait hostile à l'antisémitisme. Le féminisme français, avant 1914 surtout, comptait beaucoup de femmes protestantes et juives ; certaines catholiques contestaient aussi, mais le poids de l'Église était un frein. À l'inverse, en tant que minorités, les protestantes et les juives ont peut-être acquis plus rapidement la conscience de la situation des femmes comme minorité.

Portraits de femmes

Quand il y a des traces écrites, il y a vraiment histoire. Un récit suppose une mémoire, et surtout une écriture. Or les femmes ont été pendant très longtemps en dehors de l'écriture, *illiterate* comme disent les Anglais, « analphabètes ». S'approprier l'écriture a été un long chemin, conquérir la légitimité d'une écriture historique en a été un autre. Les premières, et rares, historiennes du Moyen Âge étaient pour la plupart des abbesses. Bien que le latin ait traditionnellement été réservé aux clercs, dans les couvents on demandait aux abbesses de recopier des manuscrits : elles devaient donc connaître la langue latine. Progressivement, certaines, comme Hildegarde de Bingen[19], se sont emparées du récit, en écrivant sur les saintes. Dans un monde où seuls les hommes étaient valorisés – hommes d'État, saints, papes –, elles ont eu besoin de raconter les histoires de femmes mémorables.

À travers la littérature masculine, on peut observer le rôle dévolu aux femmes. Ainsi Zola met les femmes sur un piédestal, d'abord comme mères. Ce grand républicain ne les considère pas égales aux hommes ;

il a une attitude protectrice à leur égard, les voit plutôt comme des victimes du pouvoir des hommes et de l'argent. Dans le portrait qu'il brosse de la Maheude, par exemple, il reprend l'identité féminine traditionnelle. *Nana* est un roman sur les femmes misérables ou prostituées. Nana utilise la galanterie pour attirer les hommes, parvient à un semblant de pouvoir mais dès qu'elle ne peut plus séduire, qu'elle est malade, elle est abandonnée. Dans *L'Assommoir*, Gervaise, autre beau portrait féminin, est aussi une femme victime, et d'abord victime de la misère ouvrière : Zola est convaincu que c'est la misère ouvrière qu'il faut combattre. Gervaise, alcoolique, finit dans une niche pour chiens. Pour Zola, le capitalisme est responsable du sort malheureux des femmes. Le concept de domination masculine lui est étranger. Seules les femmes qui s'en sortent par l'amour et la maternité font l'objet de portraits positifs. Jamais elles ne s'émancipent de leur rôle conventionnel. Zola était résolument anti-malthusien et hostile à l'avortement*.

Au XIXᵉ siècle et jusqu'aux deux guerres mondiales, la maternité associe les femmes à une forme de faiblesse physique. La mortalité féminine était alors plus importante, d'où l'expression de Michelet : « La femme, éternelle malade ». Jusqu'au lendemain de la guerre de 1914-1918, beaucoup mouraient en couches. À la faveur de la guerre peut-être, l'accouchement devient plus encadré, hygiénisé, organisé,

---

* Voir *Fécondité*, Fasquelle, 1899.

médicalisé. Aujourd'hui, la longévité des femmes est un fait social majeur : statistiquement parlant, elles ont sept à huit années de plus à vivre que les hommes.

Pionnières

Être une pionnière, c'est franchir la ligne de démarcation entre le permis et l'interdit. Un interdit qui tombe entraîne un changement majeur. Toute frontière franchie est une étape importante dans l'histoire des femmes, et donc dans l'histoire des rapports entre hommes et femmes : chaque fois, le rapport entre les sexes est mis en cause.

Jusqu'à la loi Camille Sée en 1880, sous la IIIᵉ République, les femmes n'avaient pas accès à l'enseignement secondaire public. Seuls les lycées de garçons étaient habilités à préparer leurs élèves au baccalauréat, qui ouvrait la porte de l'université. Julie-Victoire Daubié[20] a obtenu son baccalauréat en 1861, sous le Second Empire, grâce à l'intervention de l'impératrice Eugénie, qui était assez féministe, et du ministre de l'Instruction publique, Victor Duruy, lui aussi suffisamment progressiste pour prendre une mesure particulière permettant à cette pionnière de passer son baccalauréat et d'aller à l'université, où elle a fait des études de droit. En sciences humaines, la première professeure à la Sorbonne fut Marie-Jeanne Dury[21], en 1947. À l'époque, des femmes faisaient des études, passaient des doctorats et arrivaient comme professeures de jeunes filles dans l'enseignement secondaire. Certains professeurs les voyaient comme une menace à leur prépondérance, « une véritable invasion ».

Autre frontière professionnelle à observer, celle de la médecine. En France, les premières femmes médecins venaient de l'étranger, Juives russes ou polonaises fuyant les pogroms et réfugiées ici en dépit – ou peut-être à cause – de l'affaire Dreyfus. Elles considéraient la France comme une terre promise, y ont fait des études de médecine et ont ainsi entraîné d'autres femmes. On les acceptait en médecine, parce que ce que l'on appelle aujourd'hui le *care* (le soin) était associé au rôle des femmes : c'était une frontière qu'elles pouvaient franchir.

Le droit fut une citadelle bien plus difficile à prendre. Comment accepter qu'une femme dise le droit, un domaine réservé aux hommes ? En outre, parler en public était un acte masculin, et l'éloquence le sommet de la virilité. Comment donc une femme pouvait-elle devenir avocate ? Ce n'était pas pensable. Les premières furent souvent des féministes : elles étaient conscientes que revendiquer ne suffisait pas, qu'il fallait aussi s'impliquer dans le champ juridique. Il a fallu voter une loi, en 1900, pour autoriser Jeanne Chauvin et Sonia Olga Balachowsky-Petit à devenir avocates. Quant à la magistrature, elle est un véritable pouvoir, celui de prononcer les peines. Être le garant du droit, appliquer la loi, est longtemps resté un apanage masculin. Les femmes n'ont pu y accéder qu'après 1945, et elles sont aujourd'hui

majoritaires parmi les magistrats. De tels changements sont notables[22].

Mon père avait un ami magistrat, homme de
gauche, franc-maçon. Je me souviens très bien
de l'avoir entendu dire, alors qu'il voyait arriver
quelques femmes dans les cours de justice : « Ah,
c'est vraiment difficile de les voir avec leurs cheveux ! » Les cheveux des femmes dans le prétoire lui
paraissaient déplacés, incongrus.

À travers l'histoire, les cheveux portent une force
symbolique. *La Garçonne*[23], roman publié en 1922,
a fait scandale par la sexualité libérée qui s'y affiche.
Il a suscité une nouvelle mode, les cheveux coupés
court – à la garçonne. Le livre a provoqué des polé-
miques à l'intérieur du féminisme. Certaines femmes
se retrouvaient dans ce portrait qui représentait un
nouveau type féminin, pour d'autres au contraire il
renvoyait à une image étrangère aux féministes. Pendant les années folles, celles qui se disent émancipées
le manifestent par leur allure : elles se font couper
les cheveux, fument des cigarettes, s'habillent tantôt en femme mais avec des jupes courtes, tantôt en
homme, en complet veston et, dans les milieux aisés,
conduisent des voitures. Elles se veulent « femmes-
garçons ». Bien sûr c'est une minorité, à Paris essentiellement et dans quelques grandes villes. À la
campagne, les femmes s'émancipent plus difficile-
ment. Elles optent pour l'indéfrisable, rupture avec
le chignon. Certaines réalisent leur désir d'émancipation comme elles peuvent, tandis que d'autres, plus

circonspectes, restent à l'écart, craignant, en devenant « garçonnes », de rater l'amour.

Les années 1920 sont pleines de contradictions. Après la guerre, il faut repeupler la France. La Chambre est à droite et vote la loi de 1920 qui punit l'avortement, jusque-là à peine sanctionné. Les femmes doivent retourner à leurs occupations d'avant la guerre. Pendant le conflit, elles ont travaillé, géré leur foyer, cultivé la terre, sont devenues autonomes, ont quitté l'univers privé. En 1917 les « midinettes », ouvrières dans les ateliers de couture, se mettent en grève, ce qui était à peine concevable jusque-là. Elles sont jolies, élégantes et pourtant elles manifestent, défilent dans la rue avec des banderoles pour revendiquer de meilleures conditions de travail.

La parole et le geste

Pour que la parole des femmes s'échappe des lieux clos qu'étaient le lavoir ou la salle de couture, il fallait des événements tels que les émeutes de subsistance, une forme de révolte qui avait cours dans les sociétés d'autrefois. Elles ont été très bien décrites notamment par Jean Nicolas[24], qui a étudié les révoltes du blé : gardiennes des vivres, ce sont les femmes qui voient monter le prix du pain et sont les premières à donner l'alerte. On les autorise, et même on les encourage à exprimer leur colère. Cela donne à entendre la parole des femmes, habituellement étouffée. La tradition s'est quelque peu perdue au XIXᵉ siècle, quand les vivres ont été mieux répartis grâce aux nouveaux moyens de circulation et que les prix se sont stabilisés.

À la fin du XIXᵉ siècle, on mettait des femmes aux premiers rangs des manifestations syndicales en espérant que la répression serait moins sévère. À Fourmies, le 1ᵉʳ mai 1891, ce sont des femmes qui sont mortes les premières. Le cortège est un espace festif où l'on reproduit, sans s'en rendre compte, les processions religieuses.

Hormis ce rôle d'alerte, les paroles des femmes n'ont jamais été prises très au sérieux : les paroles quotidiennes, les échanges avec d'autres femmes sont une espèce de murmure dont on ne parle pas. Ce bavardage féminin est dévalorisé, c'est une parole insignifiante.

S'approprier l'espace public a toujours été une revendication des féministes. À la Révolution déjà, Olympe de Gouges[25] affirmait que les femmes, puisqu'elles montaient à l'échafaud, avaient aussi le droit de monter à la tribune. Mais parler en public n'était pas la norme : au XIXᵉ siècle, non seulement une femme bien élevée ne s'exprime pas en public, mais elle baisse la voix, ne vocifère pas. Dans la bourgeoisie, lors d'une soirée, la maîtresse de maison donne la parole à chacun, veille à ce que ses invités puissent se faire entendre, mais elle-même reste discrète.

Dans les villages, le puits, la fontaine ou le lavoir ont longtemps été des lieux de sociabilité très importants pour les femmes : elles vont y chercher de l'eau, y laver le linge... Elles s'y retrouvent, parlent, échangent, suscitant la méfiance des hommes qui craignent qu'elles ne dévoilent leur intimité. Ce phénomène a existé jusqu'après la guerre dans les sociétés occidentales. On le retrouve encore aujourd'hui au Maghreb : Assia Djebar[26] et Leïla Sebbar[27], entre autres, se sont intéressées à ces lieux d'échange libre entre femmes.

Transmission, assignation ?

Pendant longtemps, les femmes ont pensé qu'elles devaient transmettre à leurs filles des manières d'être, des pratiques : les gestes quotidiens, les savoir-faire, le linge, la cuisine, la façon de s'occuper des bébés... toute une accumulation de savoirs qu'elles considéraient comme leur héritage, qu'elles seules pouvaient partager après l'avoir reçu de leur mère et de leur grand-mère : il y a traditionnellement, chez les femmes, une plus forte idée du temps, d'une chaîne féminine, de tout ce qui se transmet par la parole, par le savoir-faire et le geste quotidien. Elles ont considéré ces fonctions davantage comme des valeurs que comme des tâches. Il leur a donc été beaucoup plus difficile de s'en détacher.

La conscience féministe passe aussi par les *ruptures d'évidences*, comme disait Foucault. Ce qui semblait normal, incontestable, devient un jour problématique, contestable. Les ruptures sont souvent liées à des événements politiques ou scientifiques. Ainsi la découverte, déjà très ancienne, de l'ovulation, de son rôle et de celui du sperme dans la génération, est un événement que l'on a assimilé très lentement.

Bien avant la Grande Guerre, les femmes ont voulu exercer de nouveaux métiers, dans le domaine industriel comme « intellectuel ». Le conflit a bien sûr donné une accélération considérable à ces revendications : les femmes sont devenues non seulement légitimes, mais requises, et elles ont prouvé leurs compétences. À la fin de l'hécatombe de la guerre, certains secteurs d'activité ont continué d'avoir besoin des femmes. Dans d'autres, chez les instituteurs par exemple, qui avaient pu occuper des fonctions militaires moins exposées, les hommes étaient rentrés en nombre et demandaient à retrouver leur place. La guerre avait été une expérience nouvelle pour les femmes, mais nul n'en tenait compte et on leur demandait souvent de rentrer s'occuper du foyer. En outre, les élections de 1919 avaient fait apparaître une majorité « bleu horizon », une Chambre de droite, favorable à la natalité, qui affichait sa volonté d'instaurer une politique familiale pour repeupler la France. On voulait des familles solides, des femmes qui fassent des enfants et restent à la maison. Assez rapidement, une politique d'allocations familiales a été élaborée, dont le but n'était pas d'alléger le travail des femmes au sein de la famille, mais au contraire de leur permettre de remplir leur rôle de mère au foyer. La période 1920-1930 est une période « famille », il n'est guère question de libération des femmes. Paradoxalement, ces fameuses années folles ont également vu émerger un féminisme brillant, mais réservé à une catégorie privilégiée.

Les femmes ont raison de se penser libres et autonomes parce que ce sont des valeurs dynamiques et que se penser comme victime n'est pas stimulant. Mais le système nous rappelle à la réalité des choses. Le système, c'est bien sûr l'économie, les différences de salaires, les situations professionnelles, les obligations... Et c'est aussi la manière dont on se voit soimême, comme homme ou comme femme, parce que l'image que l'on a de soi est une image normée, une image sociale qui nous est largement dictée par un système d'organisation extérieur.

La double tâche

L'idée de l'égalité des sexes était très présente dans les milieux progressistes des années 1950. Ce modèle gagnant a caractérisé la seconde moitié du XXe siècle, ce qui ne veut pas dire qu'il s'est réalisé. Le quotidien résiste parce que imprégné des idéologies dominantes, et les vieux schémas ne se sont pas effacés. Il y a cinquante ans, les femmes pouvaient déjà choisir par elles-mêmes. Mais, dans certains milieux, la bourgeoisie par exemple, le modèle traditionnel restait puissant et une femme qui décidait de ne pas avoir beaucoup d'enfants et de privilégier son travail était encore regardée de manière un peu bizarre, sympathique ou hostile selon la personne.

Aujourd'hui, une jeune fille n'a pas à rompre, elle a à aménager. Un nouveau standard s'est installé, celui du cumul, qui n'est pas du tout beauvoirien. Il conjugue le modèle de la femme active et celui de la famille, avec des enfants. En France, où le désir d'enfant est très fort, les jeunes femmes ont donc souvent deux vies à mêler. Elles ont le choix, certes, mais de façon un peu pernicieuse ce choix est devenu une manière de norme. Le modèle français est exigeant, combinant fort taux d'activité des femmes et fort taux de natalité, dans les deux cas les plus élevés en Europe.

La maternité et les enfants restent un grand obstacle à l'égalité professionnelle entre hommes et femmes. Pour ces dernières, la maternité est toujours jugée comme la qualité suprême. Une femme qui décide de ne pas avoir d'enfant est-elle bien une femme ? Si elle mène une carrière, remplit-elle bien son devoir vis-à-vis de ses enfants ? Le problème n'est pas seulement le regard extérieur, mais aussi celui que les mères portent sur elles-mêmes. La culpabilité féminine existe encore, même si les femmes se sont révoltées, ont limité les naissances quand elles voulaient faire une carrière. Certaines, jugeant le cumul trop difficile, préfèrent ne pas avoir d'enfant, comme Simone de Beauvoir, qui a clairement dit qu'il n'était pas possible de concilier maternité et écriture. Jean-Paul Sartre, qui n'y tenait lui-même pas du tout, lui avait proposé un mariage « conventionnel » avec des enfants, et elle a refusé. L'a-t-elle regretté ? Sartre et elle ont eu chacun une fille adoptive. Beauvoir considère qu'il est peut-être possible d'associer la maternité avec l'exercice quotidien d'une profession, mais pas avec la création. Un point sur lequel la majorité des Françaises ne l'ont pas suivie. Comment concilier liberté et maternité assumée ? Même quand, dans le couple, l'enfant a été désiré, son arrivée fait rejouer non seulement les rôles mais aussi les affects traditionnels. À chacun de trouver sa voie.

La famille telle qu'on l'imaginait il y a encore cinquante ans n'existe plus : le mariage est en décroissance extrême*. Les couples sont plus fragiles et ils se dissolvent beaucoup plus souvent qu'autrefois par la volonté des femmes, parce qu'elles gagnent leur vie et ont la capacité de partir. Celles qui ne sont pas financièrement autonomes restent trop souvent de manière contrainte, pour les enfants, et parfois en différant un divorce : lorsque, par exemple, elles travaillent à mi-temps et que leur salaire continue d'être considéré comme un revenu d'appoint. Accéder à l'autonomie financière est absolument essentiel.

Précarité

L'invisibilité est une donnée constante de l'histoire des femmes, « les grandes oubliées », comme l'écrit Titiou Lecoq, les invisibles. La reconnaissance est

---

* Voir à cet égard les travaux d'Irène Théry, notamment *Le Démariage*, Odile Jacob, 1993 et *Moi aussi. La nouvelle civilité sexuelle*, Le Seuil, 2022.

fondamentale, mais elle ne suffit pas : il faut passer de la reconnaissance au droit, et au droit respecté… On le voit bien à propos de ces femmes rendues visibles par la crise de la Covid, infirmières, aides-soignantes, auxiliaires de vie, caissières de supermarché, des femmes souvent issues de l'immigration… On a parlé d'elles, on les a célébrées, applaudies. Mais l'amélioration de leur statut est loin d'être acquise : les augmentations de salaire ne sont pas suffisantes. Dans les métiers du soin, notamment dans les hôpitaux, les femmes résident en général loin de leur lieu de travail, leur salaire ne leur permettant pas d'habiter dans les centres-villes, en particulier quand elles ont des enfants. Pour elles, les heures de transport représentent une charge supplémentaire. La question de la pauvreté en France rejoint un problème crucial, celui du logement. Les femmes sont les premières concernées, en particulier celles qui élèvent leurs enfants seules, et elles sont nombreuses puisqu'elles représentent 80 % des familles monoparentales.

La question de la précarité des femmes a souvent été un angle mort pour les féministes, mais pas toujours. Julie-Victoire Daubié, la première bachelière française, s'était spécialisée, après le bac, dans les questions économiques, plus précisément en économie sociale, ce qui était rare à l'époque. Elle pensait que l'émancipation des femmes passait par l'instruction et par le travail. C'est toute la thèse de son livre, *La Femme pauvre* (1866), et elle rejoint les saint-simoniens, pour qui les prolétaires et les femmes sont les deux causes à défendre. Elle pense à toutes les femmes, de toutes conditions. (Les féministes d'aujourd'hui ont cette conscience sociale, mais les femmes pauvres ne sont pas toujours une priorité de leurs luttes.) Elles se battent pour résoudre leurs propres difficultés, assumer les enfants, le travail domestique et ne sont pas toujours très attentives aux plus défavorisées d'entre elles.

Une histoire de longue durée

Comment revenir sur une hiérarchie qui cimente les rapports entre les sexes depuis si longtemps ? Une femme qui la conteste et se révolte trouvera des soutiens, mais la majorité va réprouver ces changements de paradigmes. Les affirmations féministes déterminées rencontrent toujours des réactions hostiles. En parallèle, les rapports entre hommes et femmes ont aussi connu des évolutions silencieuses – ainsi le mariage d'amour s'est-il imposé au fil du temps et des générations avant de se dissoudre à son tour comme idéal.

Je me trouve désormais souvent face à de jeunes féministes qui se rendent compte qu'elles ignorent des pans entiers de cette histoire. « Racontez-nous », me disent-elles. L'histoire des femmes a-t-elle été transmise ? Titiou Lecoq dit que les ouvrages sont restés dans les bibliothèques et n'ont pas été lus. Pourtant vigoureuse à l'université, grâce au travail des historiennes, l'histoire des femmes n'a pas encore pénétré l'école.

Les jeunes filles d'aujourd'hui, et c'est normal, ne peuvent s'imaginer ce que fut pour leurs mères et/ou surtout leurs grands-mères l'absence de contraception et la catastrophe que représentait une grossesse non désirée. Il est important de raconter, non pour culpabiliser, mais pour donner à toutes la profondeur de champ historique qui permet de se situer soi-même et de savoir ce qu'il reste à acquérir.

Faire l'histoire des femmes, c'est montrer leur présence, leur dépendance, ce qu'elles ont accompli, ce qu'elles ont refusé... Mais on ne peut pas séparer cela d'une analyse globale. Dans chaque époque, il s'agit de voir la place respective des hommes et des femmes, le rôle des uns et des autres, leur pouvoir, leurs métiers, et ce qui les sépare, les différencie ou les réunit dans tous les domaines : le savoir, le pouvoir, la sensibilité, la création. C'est la différence qu'il est intéressant d'analyser. Elle éclaire aussi bien l'histoire des hommes que l'histoire des femmes.

Un patriarcat persistant

Il y a un accord relativement général, du moins dans le monde occidental, sur l'existence d'une différence hiérarchisée des sexes, qu'on l'appelle patriarcat ou, plus récemment, domination masculine. Est-ce un système originel, de toute éternité ? Ou le résultat d'une évolution (ce que pensait Darwin), voire d'une conquête entérinant la grande défaite du sexe féminin ? À cet égard, la controverse fut très forte au XIXe siècle. Les anthropologues – Morgan, Bachofen – croyaient à un matriarcat primitif, soutenus par Engels. Dans *Les Origines de la famille, de la propriété privée et de l'État*, le compagnon de Marx incrimine le capitalisme, qui aurait fait triompher l'idéal, au fond très viril, de la compétition victorieuse. L'oppression des femmes, comme celle des prolétaires, aurait des origines économiques et les unes comme les autres en seraient libérées par la révolution sociale. En substituant la lutte des sexes à celle des classes, le féminisme était alors considéré comme un dérivatif dangereux, voire une ruse du capitalisme. D'où, presque jusqu'à nos jours, l'extrême méfiance à son égard, non seulement du mouvement ouvrier et du socialisme, mais même de penseurs plutôt classés à gauche, comme Pierre Bourdieu.

La pensée de la différence

L'idée d'un pouvoir féminin originel, incarné par la grande mère, a séduit nombre de féministes, en quête de modèles entraînants tels que les Amazones, femmes de chevaux, d'armes et de chasse, subversion totale de la féminité traditionnelle. Il s'agit là de représentations, non de réalités, comme l'ont montré historiens et historiennes de l'Antiquité[1]. L'anthropologie contemporaine a largement ancré la différence des sexes dans les structures fondamentales de la parenté. « Échange des biens, échange des femmes », selon la célèbre formule de Claude Lévi-Strauss, qui a eu l'immense mérite d'introduire cette différence comme une variable majeure, sans toutefois interroger ni remettre en cause sa dimension sexuée.

Françoise Héritier[2], son élève et successeure au Collège de France, a poursuivi dans ce sens et produit une œuvre d'une importance cruciale. Dans *Masculin/Féminin*, t. I, *La Pensée de la différence*, paru en 1996, elle explique la pensée de la différence par ce qu'elle appelle « la valence différentielle des sexes », une construction hiérarchisée qui subordonne le féminin au masculin. Selon elle, le phénomène est à la fois universel – on le retrouve dans toutes les sociétés – et intemporel – on le retrouve aussi loin que l'on remonte dans le temps, même à la préhistoire : c'est une structure, un quasi invariant. Pour nous, historiennes, ce livre a été majeur en ce qu'il nous a permis de comprendre les raisons profondes de l'absence des femmes dans l'histoire. Françoise Héritier se déclare « matérialiste » et, contrairement à Simone de Beauvoir, intègre la différence biologique dans la construction des différences symboliques. Ce qui fait que les hommes ont voulu dominer les femmes, c'est justement leur ventre fécond, capable de reproduire le même et l'autre. Les mères engendrent des femmes mais aussi des hommes. Un pouvoir immense dont ils ont voulu s'emparer. Naître femme ou homme nous inscrit dans un ordre corporel à partir duquel se construit une pensée symbolique, et c'est cette pensée symbolique qui est historique.

Le discours justifiant l'inégalité a une très longue histoire. D'abord, il y a l'idée que Dieu aurait créé un ordre naturel assignant aux hommes et aux femmes des rôles à respecter. « Homme et Femme il les créa. » Progressivement, on a naturalisé l'origine du monde, et tenté de justifier l'inégalité des rôles et des droits par les aptitudes physiques de chaque sexe : la force, mais aussi les capacités cognitives. Le cerveau des femmes leur interdirait la pensée philosophique, l'abstraction ou les mathématiques. Aujourd'hui encore, ce préjugé continue de peser sur les orientations professionnelles des filles et sur leurs choix. L'idée de « complémentarité » est un piège subtil qui masque la hiérarchie.

Le patriarcat est un système qui perdure, même si on préfère parler de « domination masculine », pour ne pas limiter le concept au père. Le terme « patriarcat » est très marqué par le droit romain, au cœur du nôtre. L'expression « domination masculine » est plus extensive et désigne davantage le pouvoir. Patriarcat a une acception plus anthropologique, et « domination masculine » un sens plus politique.

Mulier in utero

Les mécanismes de la génération n'ont été connus qu'à partir du XVIIIᵉ siècle. Il faut arriver au milieu du XIXᵉ siècle pour percevoir ce qu'est l'ovulation et découvrir qu'un être vivant vient de l'union d'un ovule et d'un spermatozoïde. Pendant des millénaires, les femmes ont été gommées de l'engendrement. L'homme déposait sa semence dans un corps féminin, qui donnait naissance à un enfant : le créateur, c'était le père. La femme portait, accouchait. La maternité était le vase protecteur d'un dépôt.

Les hommes voient alors les femmes dans leur corps, *mulier in utero*, ils les essentialisent en les ramenant à leur appareil reproductif. Le mariage est la clé des sociétés : on donne un bien, on prend une femme, on la « possède ». Tout est régulé par des règles sociales assurant l'échange nécessaire à la continuité. Pour Françoise Héritier, cette appropriation du corps féminin est à l'origine de la hiérarchie des sexes et de la domination masculine.

Majoritaires numériquement, les femmes ont longtemps eu un statut de mineures. Des autorités religieuses et politiques de nature différente, mais toutes masculines, avaient élaboré ce statut juridique. À travers le temps, des voix dissidentes de femmes protestent et contestent l'équilibre des pouvoirs. Au tournant du XVe siècle, écoutons celle de Christine de Pizan[3], première femme à avoir vécu de sa plume, qui revendique le droit d'écrire et s'insurge contre l'idée que les femmes auraient de la jouissance dans le viol : « Je suis navrée et outrée d'entendre des hommes répéter que les femmes veulent être violées et qu'il ne leur déplaît point d'être forcées, même si elles s'en défendent tout haut. Car je ne saurais croire qu'elles prennent plaisir à une telle abomination. » Faire l'histoire des femmes, c'est retrouver ces contestataires, souvent méconnues, qui ont contribué à l'évolution de la condition de toutes.

Peut-on dissoudre la hiérarchie ?

Dans la Déclaration des droits de l'homme et du citoyen de 1789, « Tous les hommes naissent et demeurent libres et égaux en droits », le terme « homme » est une pierre d'achoppement. Signifie-t-il *vir*, être masculin, ou bien « être humain » ? La philosophie naturaliste du XVIIIe siècle pense la différence des sexes ; les révolutionnaires l'organisent, par la distinction du public et du privé, « sphères » équivalant chacune à un sexe. Ils accordent certes des droits civils aux femmes, mais les excluent du droit de vote et de l'espace public en les cantonnant dans la famille et à la maison. D'où la revendication ultérieure des féministes : dire « êtres humains » plutôt qu'« hommes », terme ambigu en français.

Mais le concept de la « valence différentielle des sexes » nous a aussi intriguées, nous historiennes, parfois même irritées, parce que Françoise Héritier le présentait comme un invariant, presque une fatalité à peine susceptible d'être modifiée. Différence de démarche ? Les anthropologues sont des obsédés de l'invariant, et les historiens des fous du changement. La matière de l'histoire est précisément le changement, ses modalités, les résistances qu'on lui oppose, les temporalités, les permanences relatives, etc. Essayer de décrypter ces changements à travers le temps, dans les différents types de sociétés et de catégories sociales, c'est un exercice majeur pour l'historien. Nous voulions interroger la différence des sexes, élément de longue durée, certes, mais susceptible de changement.

Lorsque nous lui objections que, même dans le domaine des sexes, les choses avaient changé et qu'il n'y avait pas d'invariant, Françoise Héritier nous répondait que le changement demandait du temps et que la différence des sexes était loin d'être abolie. Pourtant, en 2002, elle sous-titre le tome II de *Masculin/Féminin* : *Dissoudre la hiérarchie*. À la suite de Geneviève Fraisse, elle présente l'IVG comme un véritable *habeas corpus* pour les femmes, devenues maîtresses de la procréation et, du même coup, de la sexualité. Après Geneviève

Fraisse également, elle emploie le terme de « révolution copernicienne ». Une structuraliste comme elle distingue des événements mineurs qui n'ont pas beaucoup d'importance, sont l'écume des jours, et des événements majeurs susceptibles d'entraîner le changement. La conquête de l'IVG en est un.

La peur de l'indifférenciation sexuelle

L'idée que l'on puisse effacer la distinction fondamentale entre un homme et une femme alimente une peur profonde. L'abolition de la différence des sexes est souvent vécue comme un drame et un risque d'effondrement de la société. Elle va à l'encontre de la « nature », d'une nature « incorporée » (*stricto sensu*) davantage encore par la biologie et la médecine, surtout à partir du XVIIIe siècle. La philosophie des Lumières n'a pas remis en cause ce système de pensée, au contraire. Jean-Jacques Rousseau célèbre les mères et les femmes, mais il les renvoie à leur corps, à leurs seins, au lait nourricier, l'allaitement étant un devoir sacré. Dans *Émile ou De l'éducation*, quelques chapitres sont consacrés à Émilie, qui serait la compagne d'Émile. Rousseau dit « elle » pour désigner la jeune fille, par opposition au « nous » des hommes. La pensée médicale et la biologie épaulent la vieille idée de nature, héritée des Grecs. La biologie ancre les hommes et les femmes dans leurs corps. Ainsi les découvertes scientifiques ont-elles d'abord renforcé les préjugés sur les différences hommes/femmes, idées fondamentales, rassurantes et socle de la domination masculine à laquelle elles donnent une rationalité.

Notre système éducatif a tellement intégré l'idée de l'évidente naturalité des sexes qu'il est difficile de penser autrement. La réflexion sur le genre suscite réticences et oppositions. Il y a dans l'opinion en général une très grande crainte du transgenre : les parents veulent que leur garçon soit un garçon et que leur fille soit une fille. La culture française intègre une identité de sexe et la bonne éducation consiste à faire endosser à chacun la bonne identité. Plus tard, bien plus tard, quand on arrive aux relations érotiques, celles-ci sont construites sur un modèle inégalitaire, où l'homme a toute l'initiative.

Autrefois, avoir un garçon ou une fille, ce n'était pas tout à fait la même chose, et peut-être cela n'a-t-il pas totalement disparu. Ma mère m'a toujours dit : tu existes parce que je t'ai voulue. Mon père, lui, ne tenait pas tellement à avoir des enfants. Quand je suis née, il a dit : ah bon, c'est une fille, je n'aurai pas à m'en occuper. En fait, il s'est beaucoup occupé de moi, en me conduisant à l'école au pas de charge, en me libérant par la plaisanterie, voire les chansons salaces, du modèle minaudant et gourmé du cours Bossuet, plus tard en m'incitant à être une femme autonome et libre. Mais au départ, il avait dans l'idée que, puisque j'étais une fille, ça ne le regardait pas. Il y a encore des hommes qui pensent ainsi, me semble-t-il, et ce sentiment ne disparaîtra que lorsqu'il y aura égalité complète. Un homme pouvait regretter de ne pas avoir de fils parce que le monde féminin lui paraissait étroit, rétréci, hors d'atteinte. Maintenant, un père de famille peut tout à fait s'identifier à sa fille, vivre avec elle de manière non pas restrictive mais ouverte. Elle va avoir une histoire, une histoire libre, il va pouvoir s'associer à ses luttes, à ses combats... Partager une aventure.

Le poids des religions

La domination masculine a été entérinée par les religions (il n'existe pas de religion où le principe masculin ne soit pas dominant), et par les systèmes philosophiques (la pensée grecque, notamment, Platon, et surtout Aristote). Les religions ont été des formes de domination des femmes, solides, organisées, argumentées, particulièrement subtiles parce qu'elles s'appuient sur le consentement de femmes valorisées dans leur féminité même. Être « enfants de Marie » était une gloire. C'est pourquoi se libérer des religions fait partie de la lutte féministe. La laïcité est une revendication du féminisme, du moins en France. Même si certaines sont venues au féminisme par la religion, et entendent conserver leurs croyances religieuses.

Le couvent est un monde passionnant. Lieu de sociabilité, de pouvoirs féminins, il n'en demeure pas moins assujetti à une domination cléricale étroitement masculine, incarnée par l'aumônier, le confesseur, les responsables de l'ordre, la liturgie... Les textes des prières que récitent les religieuses ont été écrits par les hommes, comme les manuscrits qu'elles recopient, en glissant parfois dans leurs marges un dessin ou une signature qui signalent leur identité. Le couvent de femmes est pensé dans une Église dirigée par les hommes, par une religion dans laquelle on a toujours pensé Dieu au masculin.

Le féminisme comme pensée

Souvent, ces constructions religieuses, philosophiques, idéologiques, politiques, s'appuyaient justement sur des réflexions relatives à la différence des sexes et à leurs rôles respectifs. Pour parvenir à ébranler ces constructions, il a fallu des femmes autonomes, libres, qui pensent. Le féminisme, ce ne sont pas seulement des attitudes concrètes au quotidien. Comme on peut le voir depuis un demi-siècle ou un peu plus, le féminisme ne se veut pas uniquement un mouvement de protestation, c'est une pensée. Le féminisme veut penser autrement pour agir autrement : au niveau politique et légal. Et aussi dans l'organisation quotidienne de la vie, dans la contestation des rôles et des volontés masculines…

Il est difficile et long de changer les représentations symboliques et les modes de pensée. Françoise Héritier a eu le temps de connaître #MeToo, qu'elle considérait comme un mouvement riche de potentialités, à condition qu'il lève tous les voiles. Elle était pondérée, et disait : « Attendez ! Il faut voir jusqu'où les choses changeront. » On devait, selon elle, s'attaquer au statut de la domination masculine, un chantier gigantesque, faute de quoi #MeToo n'aurait pas servi à grand-chose. Il fallait s'attaquer aux racines, changer les représentations, les sentiments en profondeur, les transmissions entre pères et fils, mères et filles.

Le sanctuaire du politique

La France a été l'un des derniers pays d'Europe à reconnaître les droits politiques des femmes, en raison de son histoire propre (loi salique, méfiance envers les reines, les régentes, envers l'influence pernicieuse des confesseurs…) et de l'extrême valorisation du politique dans la République. Seul un homme, des hommes, pouvaient remplacer le roi immolé sur l'autel de la patrie. Le sang du roi scellait le pacte républicain.

D'autre part, la séparation du public et du privé y a été pensée et organisée plus vigoureusement qu'ailleurs, avec le consentement des femmes, persuadées que la politique, « cette vilaine chose », comme disait George Sand, n'avait pas grand intérêt et n'était pas leur affaire. Elles avaient plus et mieux à faire. Il a fallu du temps pour que le politique devienne un objet de désir des femmes, en dépit d'Olympe de Gouges et de son éclatante « Déclaration des droits de la femme et de la citoyenne » (1791), puis de la tentative désespérée des « femmes de 1848 » pour rendre le suffrage véritablement « universel », qualification alors abusive. Il fallut plusieurs révolutions et deux guerres pour qu'enfin, en 1944, l'assemblée constituante d'Alger décide d'accorder le droit de vote aux femmes, qui l'exercèrent pour la première fois en 1945.

Dans la nouvelle assemblée, les femmes étaient 5 à 6 %, filles ou femmes de résistants, un pourcentage modeste et pourtant exceptionnel, retombé à 1 ou 2 % les années suivantes[4]. Lorsqu'en 1974 Simone Veil présente son projet de loi sur le droit à l'interruption volontaire de grossesse, elle commence par déclarer : « Je voudrais tout d'abord vous faire partager une conviction de femme – je m'excuse de le faire devant cette assemblée presque exclusivement composée d'hommes. »

Le Mouvement de libération des femmes, si ardent à manifester pour les droits du corps, ne mettait pas l'accent sur la représentation politique. « Le privé est politique », disait-il, et c'est pour lui qu'il faut se battre. Contre les violences faites aux femmes au foyer, contre le viol, pour le droit à l'avortement et à la contraception. « Notre corps, nous-mêmes » était la devise du MLF. Le quotidien était son espace, et son objectif le partage des tâches domestiques que certaines suggéraient même de rémunérer, avec le risque d'y enfermer encore davantage les femmes. La romancière Christiane Rochefort témoigne sur cette période du baby-boom, apogée des arts ménagers et de la ménagère « de moins de cinquante ans ».

Il faut attendre les années 1990 pour que s'affirme un intérêt renouvelé envers la politique, avec le mouvement pour la parité, riche de publications et de réflexion[5]. Il suscite de nombreuses controverses, les unes revendiquant la parité comme un droit de l'individu femme, enfin reconnu à l'égal des hommes (position que je partage) ; d'autres arguant d'une spécificité féminine susceptible de renouveler l'approche du politique ; certaines, enfin, estimant qu'il n'y avait pas lieu de légiférer et qu'il fallait laisser faire l'évolution des mœurs dont Tocqueville considérait que, dans les démocraties, elle était favorable à l'égalité. La loi sur la parité a été finalement votée, étendue, modifiée. Elle a opéré comme une *affirmative action* à l'américaine, relativement efficace à en juger par les pourcentages de femmes dans les instances représentatives aujourd'hui. La hiérarchie perdure cependant et l'accès des femmes aux postes de pouvoir reste limité. Le constat est clair : beaucoup de femmes conseillères municipales, mais peu de maires, surtout dans les grandes villes (Paris étant une éclatante exception). Des femmes aux ministères sociaux, peu aux postes régaliens, etc. Une seule femme Première ministre, Édith Cresson, en 1991, avec les difficultés que l'on sait, le faible soutien des siens, les critiques et les avanies de toutes sortes. Une douloureuse première fois. D'où l'importance de ce qui se passe aujourd'hui avec la nomination comme Première ministre d'Élisabeth Borne dont les compétences sont pour l'instant presque unanimement reconnues, sans les sempiternels commentaires sur le physique, l'allure, etc. Expérience fondamentale, à suivre, qui illustre, du moins dans ses prémices, les modifications de la frontière politique pour les femmes. La loi sur la parité a eu des effets plus généraux, elle est d'ailleurs devenue un objectif poursuivi un peu partout, dans le public comme dans le privé (les conseils d'administration des entreprises, par exemple). L'idée d'un monde mixte paritaire s'affirme et on mesure combien il est différent de la société d'autrefois, non mixte, rigoureusement sexuée, prétendument complémentaire.

Le mur de la vie privée

La distinction du public et du privé est un principe fondamental d'organisation sociale au XIXe siècle. « La vie privée doit être murée et nul ne doit chercher à savoir ce qui se passe dans la maison d'un particulier », lit-on dans le dictionnaire Littré qui donne au privé une définition spatiale et secrète. Les « sphères », comme disent les Anglais, sont des équivalents des sexes. Aux hommes, le public et son centre décisionnel, la politique. Aux femmes, le privé et la maison dont elles sont les prêtresses – sous le contrôle des hommes. Un homme public accomplit la plus haute destinée virile. Une femme publique – désignation de la prostituée – dénature la féminité même.

Les relations des femmes avec l'espace public restent toujours compliquées. Selon Pythagore,

« une femme en public est toujours déplacée ». La rue leur est hostile et, la nuit, dangereuse. Si elles s'y attardent, elles risquent le harcèlement, voire le viol. Elles sont dehors, donc présumées consentantes – des prostituées. Pour les bandes de jeunes au Moyen Âge, le viol des filles était un moyen d'affirmer leur virilité. Bien que le viol fût punissable, ils étaient la plupart du temps acquittés. Les cafés ont longtemps été des espaces masculins qu'une femme bien élevée ne fréquentait pas. Ma mère, morte à quatre-vingt-dix-huit ans en 1995 et témoin du siècle passé, me disait que, seule, elle n'y avait jamais pénétré sans gêne. Dans la rue comme dans les transports, les femmes devaient être sur leurs gardes. En cas de viol, on les dirait consentantes du fait même de leur présence dans des lieux présumés dangereux. Dans son *Histoire du viol* *, Georges Vigarello montre bien ces mécanismes que les femmes n'acceptent plus aujourd'hui. La ville, la rue leur appartiennent. Elles le disent haut et fort.

Franchir les frontières

Les interdits jalonnent l'existence des femmes ; pour conquérir leur liberté, il leur a fallu franchir des frontières, les faire sauter ou les contourner.

_____
* Le Seuil, 1998.

C'est d'abord le cas dans l'éducation dont l'absence était, selon George Sand, « le plus grand crime des hommes envers les femmes ». En matière d'alphabétisation, les écarts étaient considérables, notamment dans les pays catholiques – la lecture de la Bible contribuant à affranchir les jeunes filles protestantes. L'instruction leur était présentée comme inutile, voire pernicieuse. Comme l'écrit Laure Adler, « les femmes qui lisent sont dangereuses », elles veulent sortir de leur condition, elles rêvent d'amours impossibles. Voyez Emma Bovary... L'instruction des filles a toujours été pensée sur un mode spécifique et mineur. La plupart s'en accommodaient. Quelques-unes déployaient un effort d'autodidaxie qui passait surtout par la lecture. Entre les femmes et les livres, un pacte de longue durée s'est noué dans l'intimité de la chambre, et perdure aujourd'hui.

La manière timorée dont la France républicaine a donné aux filles l'accès au savoir est révélatrice. Certes, il fallait des épouses instruites, des mères susceptibles de forger de bons citoyens. Jules Ferry le disait et la création de l'école communale, gratuite, laïque et obligatoire pour les deux sexes en 1882 est une étape décisive. L'école a changé jusqu'au paysage des campagnes et des villes, avec les frontons : « École de filles », « École de garçons ». Pour l'enseignement secondaire, le changement a été beaucoup plus lent. Premier lycée de filles parisien, le lycée Fénelon fut créé en 1892 pour préparer à l'École normale supérieure. Fille de fonctionnaire et élève à Fénelon au début du XXe siècle, ma mère est restée une fénelonienne convaincue d'appartenir à une espèce d'aristocratie, fervente jusqu'à sa mort de l'association des anciennes élèves.

Les filles avaient des programmes spécifiques, légers en maths et en sciences, et passaient un brevet d'études supérieures qui ne donnait pas accès à l'université. C'est en 1924 seulement que le baccalauréat, « la barrière et le niveau » selon le philosophe Edmond Goblot, devient unisexe. Enfin les femmes peuvent devenir étudiantes. En 1929, Simone de Beauvoir passe brillamment l'agrégation de philosophie (deuxième, après Sartre). À la veille de la Seconde Guerre, les filles constituent presque un tiers des effectifs universitaires. Conséquence indirecte de la crise qui a fragilisé une moyenne bourgeoisie désormais en quête d'emplois pour ses filles. Les professions de « prestige » du tertiaire, avocates, médecins, professeures, ont sa préférence, et ces étudiantes vont fournir au féminisme un véritable substrat sociologique. L'histoire de l'émancipation des filles est étroitement liée à celle de l'éducation.

Don contre don

L'invisibilité du travail des femmes est une autre donnée fondamentale. Être reconnues par le travail a été un problème constant. Pourquoi ? Le mot latin *laborare* veut dire « accoucher ». Le travail des femmes, c'est le travail du corps : engendrer, élever les enfants, s'en occuper, tenir la maison. Un travail tellement dans « la nature des femmes » qu'il n'a pas de prix. La formule est ambiguë : un travail qui n'a pas de prix, on ne le paie pas, et on ne le reconnaît pas. La réflexion contemporaine sur le *care* tente de pallier cette lacune, de faire reconnaître les activités de soins comme de vrais métiers méritant salaire.

Il a été bien difficile pour les femmes de valoriser leur travail en termes monétaires, donc de recevoir un salaire, parce que traditionnellement leur activité relève d'un système d'échange en nature, don contre don. Aujourd'hui, certains défendent l'idée qu'on a eu tort d'abandonner ce modèle étudié par Marcel Mauss dans son livre fondamental *Essai sur le don*[6] : il faudrait le faire revivre pour éliminer le pouvoir de l'argent.

Le salaire des femmes a longtemps été vu comme un salaire d'*appoint*. Le revenu principal, c'est celui du père. Un homme qui « fait honneur à sa famille » doit pouvoir la nourrir. Le salaire féminin ne doit pas devenir essentiel. Même dans des couples modernes, les hommes se sentent mal à l'aise si leur compagne gagne plus qu'eux, comme s'ils étaient dévalorisés par cette différence. Obscurément, le marché s'insinue dans la hiérarchie des sexes et lui dicte son échelle. Le marxisme disait que les femmes constituent « une armée de réserve », concurrence possible pour les hommes, qui risque de faire baisser les salaires. Les ouvriers défendaient la virilité des métiers tradition-nels – mines, métallurgie, bâtiment –, ceux des maté-riaux durs, exigeant un grand effort physique. « À l'homme, le bois et les métaux. À la femme, la famille et les tissus », disait un délégué lors d'un congrès ouvrier, dans une dichotomie du dur et du mou, du solide et du fluide, qui tisse l'imaginaire des sexes. Certains métiers, réputés « nobles », se défendaient contre l'intrusion des femmes. Ainsi l'imprimerie, comme le montre la célèbre affaire Couriau, en 1913. Les imprimeurs de Lyon refusaient qu'Emma Couriau adhère au syndicat où militait son mari, estimant que c'était déjà bien joli de lui permettre de travailler. Il fallut que la CGT intervienne pour le leur faire admettre.

Parce qu'il est un appoint, irrégulier, complémentaire, on considérait comme quasi normal que le salaire des femmes soit moindre. En 1936, lors des accords de Matignon, les syndicats contestent la différence mais la fixent à un pourcentage acceptable. Se battre pour le travail, c'était se battre pour l'accès aux métiers, et surtout à la formation professionnelle qui en était la clé. Autant de frontières à franchir, qui toutes méritent histoire. Le symbolique interfère avec l'économique.

Les femmes sont souvent vues comme des concurrentes, qui viennent prendre la place des hommes et surtout dévaluer leurs professions. L'idée de la dévalorisation par le féminin est une idée tenace, comme si l'eau du féminin allait transformer le vin viril en piquette. Les métiers féminisés sont ainsi dévalorisés et n'attirent plus les hommes, ce qui amplifie encore le phénomène. On n'en a pas fini avec la valence différentielle des sexes !

En ce qui concerne la répartition des tâches domestiques ou la responsabilité des enfants au sein du couple, les statistiques de l'Insee sont abondantes. Certes, les disparités se réduisent peu à peu, mais la répartition des tâches est éloquente. Quelle que soit la bonne volonté ou la conscience de leurs compagnons, aujourd'hui encore les femmes ont un surplus à assumer. Elles continuent de se sentir responsables de la sphère privée, des courses, du linge, des repas, des enfants et des ascendants dont la longévité est à prendre en considération.

Il n'est assurément pas facile d'être un homme aujourd'hui. Le changement des rapports entre les sexes n'est pas que l'affaire des femmes, il les concerne au premier chef. Beaucoup y pensent, comme André Rauch, Georges Vigarello, Ivan Jablonka[7] et bien d'autres, qui essaient de réfléchir en hommes et en historiens à leur condition. Auparavant, les hommes dominaient dans le couple, dans la vie. Aujourd'hui, ils sont descendus de leur piédestal, celui que le code civil leur avait assuré il y a deux siècles.

« L'infâme code civil »

De 1804 aux années 1970, le code civil, l'« infâme code civil » (George Sand), a régulé les rapports entre les sexes[8]. Issu de la volonté de Napoléon Bonaparte de remettre de l'ordre dans les familles bouleversées par la Révolution, œuvre d'éminents juristes conscients du rôle du droit comme Camba-cérès ou Portalis, c'est un monument du patriarcat dans lequel la domination masculine s'affirme sans fard. Le chef de famille a tous les droits, la femme aucun, sinon celui d'être protégée. « L'obéissance de la femme est un hommage rendu à celui qui la protège », selon Portalis. La Révolution avait pourtant reconnu l'égalité des enfants (et des sexes) dans l'héritage et fait du mariage un contrat civil, susceptible d'être dénoué par le divorce. Mais ce droit fut limité par Bonaparte, qui refusait la clause du consentement mutuel, et supprimé en 1816 par la Restauration. Seule la séparation de corps était autorisée. Le droit au divorce fut rétabli par la loi Naquet de 1884, mais le divorce était toujours considéré comme un échec du mariage, pierre angulaire de la société.

Vivement critiqué par des femmes comme Flora Tristan, George Sand ou Marie d'Agoult et objet central du féminisme de la « première vague » des années 1900, le code civil fut peu à peu réformé et vidé de sa substance, quoique lentement. L'article qui légitime le crime passionnel (un mari ayant le droit de tuer l'amant de sa femme, la réciproque n'étant pas vraie) n'a été supprimé qu'en 1975. Le combat juridique est une dimension fondamentale du féminisme et le rôle des avocates a été crucial, des pionnières à Gisèle Halimi. Obtenir des droits pour les femmes, c'était changer le droit.

Dans les campagnes, le système patriarcal était particulièrement fort. Les servantes de ferme étaient les plus exposées au viol, par tel valet ou par le patron.

Les infanticides étaient légion, mais la plupart du temps c'est la mère qui était poursuivie et punie[9], jusqu'à la peine de mort. Acceptant de moins en moins leur sort, les femmes ont commencé à émigrer, à partir en ville, dans l'espoir, souvent déçu, d'une vie meilleure, mais néanmoins plus libre. Mal connue, l'émigration des femmes a été une forme de résistance sous-estimée.

La question du consentement

Le consentement* est un système subtil. Au XIXe siècle, les féministes considéraient que les femmes étaient des parias ou des esclaves. En 1879, Hubertine Auclert[10], éminente suffragiste, créatrice du journal *La Citoyenne*, montait à la tribune du congrès ouvrier de Marseille comme « représentante de neuf millions d'esclaves » – métaphore qui indique une prise de conscience. Elle dénonce, précisément, leur consentement. Même si accepter n'est pas consentir, comme l'a dit si bien Nicole-Claude Mathieu, les ressorts du consentement dans une relation inégale, d'âge ou de sexe, étant particulièrement pervers. Le livre de Vanessa Springora, *Le Consentement*[11], a montré quel pouvait être le piège d'une séduction devenue prise de possession.

Le consentement a tissé les sociétés contemporaines. Pendant des siècles et des siècles, les femmes

---

* Voir Geneviève Fraisse, *Du consentement*, Le Seuil, 2017.

ont accepté leur condition, ce qui ne signifie en rien qu'elles y aient nécessairement consenti. Le consentement leur était imposé par ce système de domination qu'on disait dans l'ordre des choses, des corps, du monde. Cela dit, beaucoup de femmes y ont sans doute trouvé aussi des avantages. Dans ce système, les hommes protégeaient, faisaient la guerre, chassaient, travaillaient, rapportaient de l'argent à la maison... Elles avaient la gestion de l'intérieur et peut-être les clés du bonheur. En définitive, de nombreuses femmes acceptaient ce partage des tâches, peut-être même la majorité d'entre elles. On peut les imaginer heureuses dans leur maison, dans la maternité, dans les tâches ménagères, la gestion du domestique, refusant même que les hommes interviennent : « Surtout pas d'homme dans ma cuisine ! » entendait-on. Justement parce que la cuisine, c'est le monde des femmes... Elles acceptaient les dispositions du code civil, le mariage inégal, vu par certaines comme un idéal leur permettant d'échapper à l'autorité du père et d'exercer sinon un pouvoir, du moins une influence. Être mariée, disposer d'une maison, exercer son propre pouvoir sur les enfants, les domestiques. Fabriquer ces mille riens qui tissent le bonheur. Les formes de la domination sont là, sournoises, cachées, on les a emmagasinées sans s'en rendre compte, et on vit avec au quotidien. « Dans notre imaginaire, la soumission concerne toujours les autres, les femmes voilées, les femmes battues, les femmes au foyer », constate Manon Garcia[12] dans son ouvrage *On ne naît pas soumise, on le devient.*

La soumission fait partie de l'éducation des filles. On leur apprend à dire oui. La douceur, l'acquiescement tissent la féminité. Renverser l'éducation des filles, c'est leur apprendre à résister, à dire non. C'est un combat de longue haleine, individuel et collectif.

Assignées au mariage, les femmes – des femmes – ont ardemment désiré le mariage d'amour, dont elles sont les inventrices. Il y avait là un germe de révolution dont on n'a pas fini de mesurer les effets. Vouloir aimer, être aimée, dire, faire l'amour, et pourquoi pas librement ? Le désir, c'est explosif.

De la séduction

Mais qu'est-ce qu'une séduction qui ne peut s'exercer de façon symétrique ? Pendant longtemps, l'idée de la conquête féminine a fait partie de l'éducation des jeunes gens. Devenus grands, ils allaient « conquérir ». Et les filles étaient élevées dans cette même idée : une femme bien élevée ne fait pas d'avances à un homme. Même si elle a du goût pour lui, elle ne le lui dit pas, elle peut seulement lui faire sentir, lui faire comprendre... Dans la séduction, les rôles sont inégaux : l'homme conquiert ; la femme attend, un signe, un sourire, un geste, une lettre. Flora Tristan revendiquait le droit des femmes à séduire, à faire une déclaration d'amour. George Sand, elle, avait pris ce droit en disant à Chopin combien elle aimait sa musique. Les jeunes filles d'aujourd'hui rêvent d'amour, mais elles ne rêvent plus du prince charmant qui domine et qui prend en charge. La séduction, la beauté, la tendresse ont changé de forme. La séduction est plus partenariale, plus égalitaire, elle ne requiert plus la protection.

Dans le dernier volume de l'*Histoire de la virilité*[13], Alain Corbin montre qu'au XIXᵉ siècle, notamment, le modèle masculin est celui de la virilité triomphante. L'autre sexe, le deuxième sexe, est à la disposition de l'homme, qui cherche à en jouir de différentes manières : par la séduction, la galanterie, la prostitution, l'appropriation. Posséder une femme est une ambition virile légitime : par toutes sortes de moyens, allant de la séduction au viol. Le deuxième sexe est toujours à conquérir.

Georges Duby avait naguère analysé le stratagème que représentait la courtoisie dans la conquête de la Dame. La galanterie fait des femmes les maîtresses des salons de la bonne société tout en leur refusant l'égalité au nom d'une différence enracinée dans leur corps par la médecine. La galanterie a été inventée, ou revendiquée, au début du XVIIᵉ siècle par des femmes telles que Madame de Rambouillet et Mademoiselle de Scudéry, lasses de ces soudards qu'étaient les gentilshommes. À cette époque de guerres de religion et de guerres civiles, ils arrivaient crottés, bottés... Madame de Rambouillet a exigé que l'on entre dans son salon, c'est-à-dire sa chambre, la fameuse « chambre bleue » où elle recevait, dans une tenue correcte et en ayant retiré ses bottes. D'une certaine manière, elle a imposé la galanterie, que Madeleine de Scudéry a développée dans son interminable roman *Clélie*, et dans la *Carte de Tendre*. À ce moment-là, les femmes « inventent » les mœurs, un rôle que Norbert Elias évoque brièvement dans sa *Civilisation des mœurs*[14]. Dans les siècles qui suivent, au XVIIIe et au XIXe siècle, les hommes s'approprient ces notions, et au XIXe siècle notamment la galanterie implique gentillesse, douceur, mais aussi distance et condescendance pour l'autre, l'inférieure, la femme objet. L'inégalité sous les fleurs.

Viol et violences

Les seuils de tolérance évoluent : une femme endure d'être maltraitée, jusqu'au moment où elle refuse d'accepter ce traitement. Là, le plus souvent, l'homme fait preuve d'une grande violence, il ne supporte pas qu'elle lui résiste. Le féminicide en est la plus tragique illustration, un phénomène nommé assez récemment, faisant ainsi apparaître l'ampleur d'un drame qu'on avait tendance à sous-estimer*. Certains hommes ne tolèrent pas l'idée que les femmes puissent disposer de leur corps et de leur liberté, et trop de femmes paient de leur vie le fait de résister à des hommes violents. Mais ce qui était tolérable à une certaine époque ne l'est plus aujourd'hui, indépendamment des choix politiques de chacun. Il est devenu *évident* que tuer une femme est un crime.

------

* Christelle Taraud (dir.), *Féminicides. Une histoire mondiale*, La Découverte, 2022.

La prise de conscience des violences conjugales est récente, elle survient lorsque l'on pénètre davantage dans l'intimité des familles, ce que l'on n'osait pas faire quand le privé était considéré comme hors d'atteinte dans la forteresse familiale. Des associations se sont battues concrètement pour défendre les femmes victimes de violences conjugales et les éloigner de leur conjoint. C'est par là que la notion de violence masculine a véritablement émergé.

La « culture du viol » est elle aussi une notion récente. Le procès d'Aix-Marseille, en 1978, a joué à cet égard un rôle crucial. En 1974, deux femmes (lesbiennes, et cela comptera à l'audience) qui campaient sur une plage, près de Marseille, sont violées par trois hommes, pendant une nuit affreuse. Le procès permettra une prise de conscience collective et la refonte de la loi. Les deux jeunes femmes sont soutenues par Gisèle Halimi, qui obtient la condamnation des trois coupables. En 1980, le viol devient un crime passible des assises, alors qu'auparavant le violeur était simplement traduit en correctionnelle pour « coups et blessures ». J'étais alors liée à Josiane Moutet, une avocate féministe marseillaise, qui me disait son désarroi : elle défendait surtout des pauvres, notamment des hommes nord-africains, dont certains avaient commis des viols, et elle était écartelée entre deux exigences contradictoires : l'exercice de son métier d'avocate et donc la défense d'hommes coupables de viol, et son sentiment de féministe approuvant le combat de Gisèle Halimi pour que ces crimes soient punis.

Depuis la nuit des temps, les viols sont indissociables des guerres. Quand on est victorieux, on gagne sans doute un territoire, mais on gagne aussi le corps des femmes de l'ennemi. Le ventre féminin est la propriété du vainqueur, une terre conquise, y compris dans les guerres récentes. Stéphane Audoin-Rouzeau l'a très bien montré dans *L'Enfant de l'ennemi*[15], qui traite des enfants nés de femmes françaises et de soldats allemands durant la guerre de 1914-1918. À la fin de la Seconde Guerre mondiale, les femmes allemandes ont été systématiquement violées par les Russes, des faits qui n'ont été étudiés que tardivement parce qu'elles éprouvaient de la honte : leur pays était vaincu, souvent leur compagnon, leur mari était mort, et elles, elles avaient été violées. Beaucoup se sont suicidées. Le vainqueur n'en parlait pas non plus. Dans les années 1990, lors de la guerre de Bosnie, les femmes bosniaques ont été systématiquement violées par les Serbes, parce qu'il fallait, disaient-ils, créer un peuple nouveau*. Ils l'assumaient de façon crue, quasi officielle : les enfants de ces femmes violées seraient serbes, c'était une manière de reconquérir le pays. On aurait pu penser que les esprits avaient évolué. Or ces événements sont tout proches de nous, et se reproduisent actuellement dans la guerre en Ukraine.

Notre société a néanmoins vécu des transformations capitales depuis un demi-siècle : la légalisation

---

* Voir Véronique Nahoum-Grappe, « L'usage politique de la cruauté : l'épuration ethnique (ex-Yougoslavie, 1991-1995) », *in* Françoise Héritier (dir.), *De la violence*, t. I, Odile Jacob, 2005.

de l'IVG, la loi requalifiant le viol en crime, le statut des homosexuels et LGBT, des évolutions que bien des hommes – et des femmes – ont eu du mal à accepter. Le Mariage pour tous a suscité une très forte réaction, à la fois catholique, conservatrice et anthropologique. Tous les changements qui touchent aux mœurs sont ressentis comme particulièrement violents. Les gens le perçoivent : si on change le ciment d'une société, on change son équilibre. Le ciment, c'était la famille d'un certain type. Toucher à la famille, c'est toucher à la société. Des penseurs conservateurs comme Louis de Bonald et Joseph de Maistre n'avaient pas remis en cause le code civil. Au contraire, ils y avaient ajouté une sorte de dimension religieuse. Au-delà du code civil, la répartition des rôles était une obligation morale parce que c'était une volonté divine. Il y avait la loi, la société et il y avait Dieu. Laïciser le droit est une conquête majeure du féminisme.

Prendre le pouvoir ?

Les femmes ont passé leur temps à abattre ou contourner des barrières, à pénétrer dans la sphère publique, à demander à accéder aux mêmes droits et aux mêmes fonctions que les hommes. Dès les années 1960, les écoles primaires sont devenues mixtes. Mais plus on s'élevait dans la société, qu'il s'agisse d'éducation ou de profession, moins l'environnement était mixte. En substance, ce qui est important doit rester masculin. Ainsi l'histoire du lycée Henri-IV, un des meilleurs lycées, pense-t-on, de l'univers... Il a fallu attendre les années 1980 pour qu'il devienne mixte.

Les avancées vers l'égalité se sont faites par paliers. On ne peut pas se battre sur tous les fronts et au cours du temps, certaines considérations deviennent primordiales. Les féministes du milieu du XIX\ :sup:e siècle étaient une minorité, et revendiquer les droits politiques n'était pas leur priorité ; elles voulaient d'abord l'éducation, l'instruction. Ensuite est venu le travail, puis les droits politiques, et, enfin, le corps. De nouvelles revendications apparaissent en fonction de la situation, du désir des femmes et de l'état de la société. Mais acquérir l'indépendance est sans doute le combat le plus essentiel pour une femme.

Être libre

L'indépendance, c'est la liberté de choix dans tous les domaines.

« Ne nous libérez pas, on s'en charge », le fameux slogan des années 1970 a été repris par de jeunes historiennes comme titre d'un livre[16]. Une femme qui revendique sa liberté demande à disposer complètement d'elle-même. Elle demande aussi moins de protection. La liberté comporte des risques que, dans nos sociétés, les femmes sont prêtes à accepter. La solitude en est un. On le voit notamment dans les familles monoparentales, féminines à 80 %. L'aspiration à la liberté se manifeste aussi chez celles qui n'acceptent plus le « confort » du couple. S'il n'y a plus d'atomes crochus avec le compagnon ou le mari, elles partent, prêtes, le cas échéant, à assumer seules la charge des enfants. Ce qui n'est possible que si elles sont autonomes financièrement. Le prix à payer est parfois élevé, les femmes gagnant en moyenne moins que les hommes (toujours entre 10 et 15 % d'écart de rémunération à travail égal) et étant moins présentes dans les filières qui pourraient les mener à des situations équivalentes à celles des hommes. Il n'y a pas égalité dans le domaine amoureux, sexuel, même si la frontière des âges et de la séduction change. Un homme de cinquante ans est un homme jeune. Une femme de cinquante ans sait qu'elle ne pourra plus avoir d'enfant et que si elle rompt son union elle aura du mal à retrouver un compagnon.

Or une famille monoparentale est une famille plus pauvre, plus difficile à gérer. Je ne défends évidemment pas la situation d'autrefois où les femmes étaient enfermées dans des mariages qui ne leur convenaient plus. Mais je constate que les dominés (en l'occurrence les femmes) subissent les dommages de leur libération comme s'il fallait les punir. Gagner sa vie est fondamental. Simone de Beauvoir insistait sur cette nécessité et disait que c'était ainsi que les femmes conquerraient leur liberté. Au point qu'on a pu l'accuser de voir la solution au problème des femmes uniquement par le travail.

Rien n'a jamais été gratuit. Quand une revendication aboutit, il faut un certain temps avant que les droits acquis se traduisent concrètement dans la société et, de proche en proche, changent ce que Marc Bloch ou Lucien Febvre auraient appelé « les mentalités ». Il est essentiel que les conquêtes se transforment en droits et finalement en évidences.

Le droit est une dimension essentielle de la lutte des femmes, je n'en ai pris conscience que tardivement. Dans ma jeunesse, j'avais tendance à penser que le droit était une espèce de superstructure qui changeait quand on changeait vraiment la société. Nombreuses sont les féministes qui ont étudié le droit. Elles ont pénétré dans l'organisation du pouvoir. Et enfin, elles ont voulu le changer. Sans ces démarches actives militantes, bien des lois n'auraient jamais été modifiées.

Où en sont les hommes ?

Il faudrait aujourd'hui s'interroger sur les hommes. Qui peut abandonner aisément le pouvoir, le fait de décider de sa propre vie et des évolutions sociales ? Il faut qu'il vous soit arraché. En cas de virage politique plutôt réactionnaire, l'expression d'hommes qui se ressentent comme victimes peut revenir très fort. C'est un matériau pour les futurs historiens, et j'imagine que nombre de sociologues et chercheurs analysent toutes ces réactions.

Parmi ceux qui s'opposent farouchement à la montée en puissance des femmes, beaucoup ont des métiers dans lesquels la parole est le premier outil. Je me souviens de la création des chaînes d'information continue : les jeunes femmes présentes à l'écran portaient des décolletés plongeants. Certaines ont vu leur carrière contrariée par leur refus d'accepter cette forme de séduction imposée par le système. C'est l'éternel problème du jeu pervers de la séduction et de l'acceptation, le problème du pouvoir et du consentement.

Les femmes ne contrôlent pas leur image. La création audiovisuelle, qui est un véritable pouvoir, est encore dominée par les hommes. Dans le cinéma, malgré les avancées, les réalisatrices restent moins nombreuses que leurs homologues masculins. Autrement dit, les films, les scénarios, les intrigues, les actrices, tout ce que l'on montre procède majoritairement des hommes. Les femmes doivent progresser, inventer, s'emparer de ces outils. Celles qui interviennent aujourd'hui en public sont-elles davantage critiquées parce qu'elles sont femmes ou bien sur le contenu de ce qu'elles disent et de ce qu'elles font ? Pour Françoise Giroud, « une femme serait vraiment l'égale de l'homme le jour où, à un poste important, on désignerait une femme incompétente ». Il y a toujours, de la part des hommes, un soupçon d'incompétence vis-à-vis des femmes et l'idée que le pouvoir est viril. Le pouvoir, ce sont des coups à prendre et des coups à donner : une femme a-t-elle le cuir assez solide pour encaisser les coups de la vie politique ? La réponse est généralement « non ».

L'égalité hommes/femmes est-elle aujourd'hui une évidence aux yeux de tous ? Tout le monde n'est pas égal dans la domination, qu'elle soit sociale, raciale ou sexuelle. Les femmes font encore bien des concessions et s'accommodent de formes de domination, généralement cachées. Toutefois, les limites se déplacent, c'est une question de regard : à un moment donné, certaines vont s'étonner de ce qu'une autre a accepté, en considérant que c'est de la lâcheté. Les femmes de ma génération étaient plus tolérantes vis-à-vis des hommes que celles d'aujourd'hui. L'évolution des cinquante dernières années dessine une révolution.

Gloria Steinem[17], célèbre féministe et chercheuse américaine, invite à « érotiser l'égalité » plutôt que la domination. « On voit bien, dit-elle, que dans une société où le viol demeure un fantasme sous-jacent à toutes les productions culturelles, l'égalité n'a rien d'excitant. » Elle insiste sur l'importance de l'éducation des garçons et des filles. Il faut sans doute trouver de nouvelles formes d'érotisme, et peut-être est-ce aux femmes de les inventer.

Invisibilisées dans l'histoire, les femmes sont progressivement apparues dans la lumière mais beaucoup d'entre elles restent marginales et dissimulées par différents filtres qui les masquent. Les femmes noires, « racisées » comme disent certaines qui, elles, ont pris la parole, sont tellement dans l'ombre qu'on ne les voit même pas. Le regard s'éduque, peut-être d'abord par la violence d'une affirmation. Lorsque l'on voit, on analyse, on fait émerger, on parle. On associe volontiers la violence aux classes populaires et on a tendance à sous-estimer les problèmes liés à la violence physique dans les milieux plus favorisés. Or, de fait, dans les dernières années, on a vu que le viol, l'inceste, le féminicide existent dans tous les milieux sociaux.

La dénonciation des drames de l'ombre passe par la parole. Il faut avoir les mots, ce qui est déjà difficile. Puis il faut oser parler, et qu'il y ait une ouverture. Une femme qui veut dénoncer ce qu'elle subit n'osera le faire que si elle ne se sent pas totalement seule. Une femme battue, opprimée qui s'exprime peut craindre que le lendemain soit pire, qu'elle soit plus violentée encore si elle dénonce son conjoint. Il faut qu'une autre parole, un autre regard, une solidarité existent. Il faut aussi que la fenêtre s'ouvre un peu, qu'un courant d'air arrive, ce que permettent, heureusement, les moyens de communication dont nous disposons aujourd'hui.

Pourtant l'égalité est loin d'être gagnée, elle est susceptible d'être remise en question dès qu'il y a une crise. Si elle a progressé considérablement dans certains pays, et sur certains points, ce n'est pas le cas dans le monde entier, où la condition des femmes demeure très difficile, et le patriarcat une réalité bien vivante.

Brève histoire du féminisme

L'histoire du féminisme est un aspect essentiel de l'histoire des femmes. Dans ces deux domaines, les travaux se sont beaucoup développés au XXe siècle, notamment en France, et l'on dispose aujourd'hui d'une bibliographie considérable. Je ne citerai que trois initiatives majeures. Professeure à l'université d'Angers, Christine Bard y a créé les Archives du féminisme, qui ont recueilli de nombreux dépôts parmi lesquels ceux de Benoîte Groult ou du Planning familial. Elle travaille en relation avec la bibliothèque Marguerite Durand, seule bibliothèque féministe de France. Enfin, la revue *Clio*, fondée par Françoise Thébaud en 1995, fait un travail remarquable. Publié en 2021, le numéro intitulé « Le genre des indépendances », associant féminismes et luttes pour l'indépendance dans le monde entier, montre bien l'ouverture hors des frontières qui caractérise le féminisme actuel. Une tradition d'histoire du féminisme est désormais bien implantée dans le paysage intellectuel, et ce travail est plus que jamais nécessaire[1].

Aujourd'hui, les jeunes femmes ont parfois le sentiment que certains droits ont toujours existé. C'est étonnant, quand on sait à quel point ils ont été durement acquis, mais il est vrai que le combat féministe n'est pas linéaire. Les années 1970-1980, pleines d'effervescence, ont été suivies d'une période plus en retrait jusqu'aux années 2000. Malgré tout, les femmes n'ont cessé d'avancer dans leur quête d'égalité. Dans cette histoire, le féminisme se glisse dans les brèches, dans les failles du pouvoir. Si le mur du pouvoir est solide, s'il n'y a pas d'ouverture, les minorités restent dans l'ombre.

La pensée féministe se développe à partir du XIXe siècle dans le sillage du saint-simonisme. Des femmes commencent alors à se réunir, créent des journaux[2]. Seule une minorité d'hommes est solidaire de leur combat, la plupart le jugeant inapproprié, voire scandaleux. Le mot « féminisme » apparaît dans les années 1870, c'est un terme médical qu'Alexandre Dumas fils emploie pour qualifier la « maladie des hommes efféminés » : impossible de concevoir qu'un homme viril soutienne les « féministes ». Quelques années plus tard, en 1882, Hubertine Auclert retourne le stigmate en emblème et se déclare « féministe ». Résolument « suffragiste » comme on disait en France (l'équivalent des suffragettes anglaises), elle fait du droit de vote la pierre angulaire des droits des femmes. Hubertine Auclert eut maille à partir avec la police en raison de ses interventions dans les mariages. Au moment où le maire ou son représentant lisait l'article du code civil qui dit qu'un homme doit protection à sa femme et que l'épouse doit obéissance à son mari, elle protestait avec véhémence, ce qui lui valait d'être souvent traitée d'hystérique. Dans *La Citoyenne*, le journal qu'elle avait fondé, on trouvait à la fois des revendications politiques ou sociales et des reportages. Les premières femmes reporters apparaissent alors.

« Féminisme » et « féministe » s'imposent désormais en français et dans les pays latins. En anglais, on utilise plus souvent le terme *women*. Le féminisme tend à désigner une action collective.

Virginia Woolf l'a dit, étudier le féminisme et l'antiféminisme chez les hommes est hautement instructif. Florence Rochefort s'est intéressée aux hommes féministes, qui ont toujours existé, comme l'a montré Alban Jacquemart[3] : pour Condorcet, homme des Lumières résolument féministe, l'égalité des sexes est normale. À l'argument toujours mis en avant selon lequel les femmes sont souvent malades ou empêchées par les grossesses, il répond que les hommes aussi sont malades, et même plus souvent que leurs épouses… On pourrait citer d'autres hommes féministes importants aux XIXe et XXe siècles, de Stuart Mill à Léon Richer, en passant par Victor Hugo, Jean Jaurès ou Léon Blum.

En France, toutefois, les réticences sont nombreuses. En philosophie, en politique, la pensée française est plutôt antiféministe, réservée devant l'égalité réelle et adepte d'une complémentarité excluante, qui fait une place aux femmes à condition… qu'elles y restent. Proudhon, central pour le mouvement ouvrier jusqu'à la naissance du Parti communiste, est d'un antiféminisme déclaré. Hors du ménage, point de salut. « Courtisane ou ménagère », tel est selon lui le choix offert aux femmes.

Le vocabulaire féministe a beaucoup évolué : au XIXe siècle, on disait plutôt « émancipation des femmes », dans les années 1950, on parlait de « promotion féminine », dix ans plus tard d'« amélioration de la condition des femmes », puis, dans les années 1970, de « libération des femmes ». Les termes s'inscrivent dans l'air du temps, mais dans le sens d'une continuité, d'une évolution, pas d'une mode passagère. L'égalité entre les sexes est un précipité qui se cristallise et finit par devenir solide.

Si la révolte des femmes a revêtu des formes très diverses, elles n'ont pas construit beaucoup de barricades. D'une manière générale, le féminisme n'a pas été violent, au sens d'un mouvement social. En revanche, il est contestataire, exprimant toujours le désir d'échapper à une condition – un mot d'ailleurs discutable car condition suppose acceptation. Or le féminisme est le contraire de l'acceptation, il refuse, il conteste, il est subversif.

Certes les féministes ont accordé une importance fondamentale à la bataille législative parce qu'elles ont conscience qu'il faut inscrire les choses dans la loi : elles sont légalistes et réformistes. Le féminisme mène une bataille dans le cadre de la République, il ne cherche pas à la renverser, mais à faire évoluer le droit pour y inscrire les droits des femmes. Aussi compte-t-il beaucoup d'avocates. Louise Weiss[4] et

Maria Vérone[5] sont des figures marquantes de ce combat qui pointe les contradictions et les aveuglements de la République envers les femmes. Comme l'écrit Joan Scott, les féministes sont des « citoyennes paradoxales[6] ».

Il faut distinguer les mots et les choses. On peut être pour la liberté et l'égalité des sexes sans appartenir au mouvement féministe. Mais le féminisme est une action collective.

Jongleresse et autrice

La langue est un pouvoir, elle résiste beaucoup. À travers l'Académie française qui venait d'être créée, le XVIIᵉ siècle absolutiste a mis de l'ordre dans la langue, ce qui voulait dire éliminer le féminin. Le mot autrice, qui existait, a été supprimé, de même que la plupart des noms en -esse, jongleresse par exemple. L'Académie institue alors que le masculin l'emporte toujours sur le féminin, une règle que les petites filles d'aujourd'hui apprennent avec de plus en plus d'étonnement…

Les féministes qui revendiquent ont sans doute du caractère ; mais ce sont d'abord des femmes qui ont accès à l'écriture et à la parole. Au XIXᵉ siècle, le rôle des institutrices a été remarquable : en 1830, elles sont peu nombreuses, à l'époque ce sont les hommes qui enseignent à l'école. En 1848, les femmes participent à la révolution de Février et aux événements qui font suite à l'abdication de

Louis-Philippe Ier appartiennent à la petite bourgeoisie intellectuelle, et peuvent entraîner des femmes du peuple : blanchisseuses, repasseuses, brodeuses, plumassières, couturières, en général citadines. À la campagne, elles n'ont pas la possibilité de s'exprimer, même si certaines partagent les mêmes revendications. En 1870, la minorité de femmes qui se trouve dans la Commune compte de nombreuses institutrices.

En 1879, le congrès de Marseille, un des premiers grands rendez-vous ouvriers, met la question des femmes à son programme et accueille Hubertine Auclert sous les acclamations. Cependant, l'alliance entre féminisme et mouvement ouvrier s'estompe quand ce dernier se tourne davantage vers la lutte des classes. Et les femmes du prolétariat se détachent de ce qu'elles appellent le féminisme bourgeois. Dans *La Domination masculine*[7], Pierre Bourdieu rejoint cette vision d'un féminisme essentiellement bourgeois. Rien d'étonnant à cela. Grande force de développement du capitalisme aux XIXe et XXe siècles, la bourgeoisie a été à l'origine de bien des idées nouvelles. Pour Pierre Bourdieu, elle est aussi le ciment de la reproduction des élites. Et le féminisme est en quelque sorte un avatar de la pensée bourgeoise, un instrument de la reproduction des élites féminines. Il ne voit pas le mouvement comme une révolution aspirant à l'universel.

À partir des années 1880, quand il prend corps et s'organise, le féminisme s'appuie en effet d'abord sur la moyenne bourgeoisie. Fragile économiquement, cette dernière s'avère un terreau favorable à l'émancipation des femmes. Les familles se rendent compte que leurs filles peuvent aussi contribuer à soutenir la maison. Elles doivent aussi gagner leur vie pour se protéger et, surtout, il faut qu'elles soient instruites. Ces femmes se battent pour l'instruction et l'accès à ce que l'on appellera plus tard les métiers de prestige : institutrice ou professeure, puis avocate ou médecin. Il est probable et même certain qu'elles ne pensent pas aux femmes pauvres, ignorent en particulier la domesticité. Ces femmes en voie d'émancipation considéraient comme tout à fait normal d'être servies, d'avoir des nounous, des bonnes… Dans *Service ou servitude. Essai sur les femmes toutes mains*[8], Geneviève Fraisse note une certaine absence d'intérêt des féministes pour les femmes pauvres. Que signifie une femme qui emploie une femme ? La question peut se poser aujourd'hui mais à l'époque, dans les congrès féministes, peu de femmes souhaitaient que le problème soit évoqué.

Les féministes organisaient des congrès sur une multitude de sujets, autant d'occasions pour elles de s'exprimer en public. Ce n'était pas facile pour certaines, qui devaient être éduquées à cet exercice. Des petits groupes de prise de parole étaient organisés afin qu'une femme puisse monter à la tribune sans trop d'angoisse. Le féminisme a été un agent efficace de la prise de parole des femmes en public.

La conjoncture historique, notamment celle des mouvements sociaux, est importante dans l'affirmation du féminisme. On constate que les féminismes se sont souvent infiltrés dans les systèmes de pouvoir à la faveur des révolutions ou même des crises politiques. En France comme en Angleterre, le mouvement s'affirme à partir de la Révolution. Mais un mouvement social n'entraîne pas automatiquement un changement pour les femmes. Ainsi le Front populaire est-il un événement majeur et paradoxal pour les femmes. Alors qu'elles n'ont pas le droit de vote, Léon Blum nomme trois femmes secrétaires d'État : Cécile Brunschvicg, Suzanne Lacore et Irène Joliot-Curie, une radicale, une socialiste et une communiste. L'intention politique est forte. Malheureusement, elles ont manqué de temps et leur action n'est guère perceptible. Tandis que Cécile Brunschvicg, la radicale, et Suzanne Lacore, la socialiste, prenaient leur rôle très au sérieux, Irène Joliot-Curie s'est trouvée désarçonnée par une fonction qui ne lui convenait pas vraiment. Et la présence de ces trois femmes au gouvernement ne s'est traduite par aucune avancée pour leurs concitoyennes. Pourtant féministe, Léon Blum considérait qu'il avait suffisamment à faire avec le mouvement social pour ne pas allumer ce brandon de discorde qu'était le vote des femmes. Au moment des accords de Matignon, auxquels participe une seule femme, Martha Desrumaux, les syndicats demandent certes une limitation à 20 % de l'écart entre les salaires des hommes et ceux des femmes, mais pas l'égalité complète. On voit donc que même dans des moments d'évolution sociale notable comme le Front populaire, on s'accommode de l'inégalité hommes/femmes. Le mouvement entraîne toutefois quelques transformations car les femmes sont présentes lors des occupations d'usines. Une célèbre photo de Willy Ronis immortalise Rose Zehner haranguant ses camarades[9]. Elles ne sont pas encore au premier plan, mais pour beaucoup d'entre elles, ce fut un moment fort et mémorable.

Naissance du mouvement

Pionnière de la pensée féministe, Simone de Beauvoir est la mère de la notion de genre. Elle avait eu tendance à rejeter la dimension biologique, qui lui paraissait un matérialisme sans grand intérêt. Depuis, on a pris conscience de l'importance de la biologie et de la génétique, qui sont devenues objets de réflexion. La pensée féministe se développe nécessairement en fonction de l'évolution des sciences. Elle est élaborée à partir de concepts philosophiques, scientifiques, sociaux, qui s'enrichissent au fil du temps. Plus de soixante-dix ans après sa publication, même le texte fondateur qu'est *Le Deuxième Sexe* demande à être revu.

À sa parution, en 1949, le livre a suscité un violent rejet d'une partie de l'opinion publique. Ses détracteurs comparaient Simone de Beauvoir à Mao, et son ouvrage à un « petit livre rouge des féministes ». Les insultes furent immédiates de la part des antiféministes et des catholiques, vigies des mœurs. Plus mesurés, car Sartre et Beauvoir étaient des compagnons de route, les communistes se montrèrent néanmoins méfiants et critiques. Simone de Beauvoir revendiquait la libération des femmes, elle défendait la libre maternité, alors que les communistes, résolument anti-malthusiens, étaient hostiles à la contraception. En 1956, Jacques Derogy fut exclu du Parti pour avoir écrit *Des enfants malgré nous*, où il montrait les drames des naissances non désirées. La compagne de Maurice Thorez, Jeannette Vermeersch, lui rétorqua que les femmes du peuple ne pouvaient avoir les vices des femmes de la bourgeoisie. En 1972 encore, Jean Lartéguy[10] fit paraître une *Lettre ouverte aux bonnes femmes* dans laquelle il écrivait en substance que parce qu'elles n'en ont pas, les femmes voudraient que l'on coupe leurs génitoires aux hommes !

Parallèlement, les années 1968-1970 virent l'émergence du Mouvement de libération des femmes. Le livre de Françoise Picq, *Libération des femmes. Les années-mouvement*[11], en montre les épisodes. Très présentes en Mai 68, les étudiantes n'étaient pas aux avant-postes. Krivine, Geismard, Sauvageot et évidemment Cohn-Bendit, les fameux quatre grands, étaient masculins, et pas spécialement féministes, comme certains d'entre eux l'ont reconnu plus tard. Révoltées, les femmes se sont réunies et c'est ainsi que s'est développé en France le Mouvement de libération des femmes, apparu un peu plus tôt aux États-Unis. Je m'y suis engagée à la base, sans exercer de responsabilités particulières. Dans le groupe d'études féministes que nous avions créé à Jussieu avec Françoise Basch, les hommes n'étaient pas admis. Nous avions voté : personnellement, j'étais pour leur admission… Aujourd'hui, je pense que mes amies avaient raison. La non-mixité est une étape nécessaire.

Bien que simultanés, le renouveau à l'université et le mouvement féministe n'interféraient pas tellement. Les enseignantes étaient minoritaires. En ce qui me concerne, j'avais fort à faire : d'un côté, il fallait organiser l'université nouvelle, décider des programmes, et de l'autre, les manifestations pour les femmes se multipliaient.

Les années 1970-1980 sont un moment de bouillonnement intellectuel à tous points de vue, avec notamment Jacques Derrida, Michel Foucault, Pierre Bourdieu ou encore Gilles Deleuze. C'est Michel Foucault qui a le plus compté pour moi, par sa démarche d'historien, par les objets abordés – la folie, la prison, la sexualité –, par son regard, sa démarche, son analyse du pouvoir. Je regrette qu'il n'ait pu faire aboutir son projet d'une grande histoire de la sexualité, amorcée dans *La Volonté de savoir*[12]. Il pensait les problèmes historiques en philosophe, il plongeait dans l'histoire et s'en réclamait : *Surveiller et punir. Naissance de la prison*[13] est un livre fondateur.

Le mouvement des femmes naît dans ce contexte et s'empare de toutes ces idées. On lit Foucault, Bourdieu, les théoriciennes anglaises, américaines… Les féministes sont pluridisciplinaires, elles s'intéressent à l'anthropologie. Elles redécouvrent la littérature, que l'histoire économique et sociale avait refoulée, et la remettent au centre du jeu comme une source majeure. Les féministes posent des questions difficiles : il n'est donc pas surprenant qu'entre elles il y ait des débats, des réponses différentes. Certains points s'imposent absolument, comme le droit à l'avortement. Il a réalisé l'unité des femmes, et conféré au mouvement des années 1970-1980 une importance particulière. Jusque-là, les féministes n'avaient pas toujours été d'accord sur l'IVG, loin de là. Entre les deux guerres, certaines jugeaient que le combat essentiel était la politique, l'accès au droit de vote. Elles militaient en faveur de la contraception, pas pour l'avortement. En 1956, Catherine Valabrègue[14], Évelyne Sullerot[15] et le Dr Marie-Andrée Lagroua Weill-Hallé[16] créent La Maternité heureuse, qui devient le Planning familial quatre ans plus tard. Toutes trois se sont battues pour la contraception mais elles étaient réservées sur l'avortement. Marie-Andrée Lagroua Weill-Hallé y était franchement hostile, après avoir constaté les dégâts des avortements clandestins. Évelyne Sullerot, protestante, était plus en avance qu'elle sur ce point. Mais ces deux combats, celui pour la contraception et celui pour l'IVG, sont au cœur du combat féministe du XXe siècle. « Un enfant, si je veux, quand je veux, comme je veux » était sa devise.

Les féministes avaient eu très tôt l'idée de laisser des traces, comme l'atteste la bibliothèque Marguerite Durand, que j'ai fréquentée avant les années 1970 quand elle se trouvait sous les combles de la mairie du 5ᵉ arrondissement de Paris*. « Nul ne saura jamais ce que le féminisme doit à mes cheveux blonds », disait Marguerite Durand. Ravissante actrice, elle ne manquait pas d'amants, mais sa cause était le féminisme. Elle a commencé à constituer des collections et ouvert sa bibliothèque en 1932. À la même époque, une autre femme, Marie-Louise Bouglé, s'est mise elle aussi à réunir des archives. Tracts, manifestes, affiches, objets, elle collectait tout : par exemple, une banderole confectionnée avant la guerre de 14 pour un cortège féministe en l'honneur de Condorcet, précurseur de l'égalité, au moment du centenaire de sa mort. Marie-Louise Bouglé avait convaincu son mari de l'intérêt d'une telle collection. Le couple courait les bibliothèques, les bouquinistes, les antiquaires pour récolter tout ce qu'il était possible de trouver. Ils ont constitué un très beau fonds, abrité par la Bibliothèque nationale durant la guerre puis versé à la Bibliothèque historique de la Ville de Paris, où il se trouve aujourd'hui.

À partir des années 1970, les travaux sur les luttes féministes se multiplient. Très parisien au départ, le

---

* Elle occupe aujourd'hui le 2ᵉ étage de la médiathèque J.-P. Melville, 79 rue Nationale, à Paris.

MLF français comptait beaucoup d'universitaires. Des sociologues comme Christine Delphy[17], Françoise Picq ou Liliane Kandel étaient soucieuses de savoir ce qui les avait précédées. Avant 1970, la bibliothèque Marguerite Durand recevait surtout des chercheuses américaines. Ensuite, elle vit sa fréquentation augmenter au point que la bibliothécaire se retrouva bientôt débordée par toutes ces féministes qui projetaient de créer un journal, *Le torchon brûle*[18], et voulaient se documenter sur ce que les femmes avaient fait auparavant en matière de presse. Elles voulaient se référer aux combats passés, étaient à la recherche d'exemples, d'ancêtres, de modèles. Pour sa thèse publiée en 1979 sous le titre *À l'aube du féminisme : les premières journalistes*, Laure Adler vint dès 1975 consulter les journaux de la bibliothèque Marguerite Durand. Même des militantes qui avaient d'autres occupations manifestaient un souci historique. Pour les historiennes de profession, c'était un appel à élaborer une narration.

Le pouvoir des mots

Le vocabulaire nous renseigne sur l'évolution des mentalités. Gisèle Halimi[19], qui a souvent eu raison, et parfois seule contre tous, dit bien que les mots traduisent toujours une idéologie. Laisser passer un mot, c'est le tolérer. Le langage nous piège sans que nous nous en rendions compte. Et on ne peut pas exclure une certaine acceptation passive tant il est parfois plus simple de ne pas faire de vagues. Gisèle Halimi appelle donc à la vigilance.

En 1981, Yvette Roudy, ministre des Droits de la femme, confie la mission de réformer la langue à Benoîte Groult[20]. Cette dernière était extrêmement sensible sur ce terrain, même en privé. Je me souviens de lui avoir envoyé une invitation pour une réunion qu'elle m'a retournée corrigée parce qu'elle trouvait que je n'avais pas respecté la grammaire féministe qu'elle cherchait à promouvoir ! La langue est un obstacle, un bastion. Benoîte Groult avait fait de la réforme de la langue française une grande cause, reprise aujourd'hui notamment par Éliane Viennot.

Le dictionnaire mentionne « une femme consentante », mais pas « un homme consentant ». Le consentement serait donc beaucoup plus féminin que masculin ! Et doit-on dire une femme auteur, une auteure, une autrice, une écrivaine ? Le vocabulaire dit beaucoup : nommer, c'est faire et faire exister. Quand une femme investit un nouveau métier, il faut pouvoir la nommer... Faut-il pour autant féminiser les noms de métiers ? Le sujet est discuté mais, dans la pratique, la féminisation s'impose progressivement. Comment nous, les anciennes féministes, ne nous sommes-nous pas révoltées contre la règle grammaticale selon laquelle le masculin l'emporte sur le féminin ? J'avoue que je continue à appliquer cette règle sans problème. J'y suis habituée. Cette prise de conscience nous avait échappé. Alors, comment aller plus loin ?

Éliane Viennot[21] préconise l'écriture inclusive. Prendre possession d'une langue, essayer de bien écrire, essayer de se faire comprendre n'est pas facile, et l'arrivée de l'écriture inclusive me semble un peu intempestive et elle me gêne du point de vue esthétique. Une phrase fluide, on la coupe déjà de différentes manières et la ponctuation n'est pas toujours simple. Alors, mettre un point supplémentaire...

Féminisme pluriel

Le féminisme est pluriel, comme les femmes. La moitié de l'humanité ne peut penser la même chose sur tout. Les femmes appartiennent à des groupes sociaux différents, habitent des zones urbaines ou rurales... Dans la démarche historique, il faut toujours croiser les données, être en quelque sorte intersectionnel. La recherche en histoire comporte bien sûr des chapelles qui ont tendance à s'affirmer comme détenant seules la vérité, mais c'est une forme de fermeture regrettable. Les discussions ouvertes, les questions non résolues font partie du débat démocratique. Et le féminisme n'est pas un sujet clos : sur bien des points, il reste dans l'indécision.

Quand nous élaborions l'histoire des femmes, j'imaginais la création de centres d'études mais je n'aimais pas beaucoup l'idée de départements d'études féministes. Je craignais la ghettoïsation. Pour que cette histoire soit enseignée à tout le monde, il me semblait préférable qu'elle soit intégrée à des départements d'histoire générale, qu'on en fasse une unité de valeur. La génération qui a suivi, plus nombreuse et influencée par une pensée américaine plus radicale, a revendiqué une forme de séparatisme plus efficace.

Les féministes américaines étaient en avance sur nous et elles m'ont beaucoup appris : le Women's Lib a joué un grand rôle dans le Mouvement de libération des femmes, puis l'influence de Judith Butler[22] et de la pensée *queer* a été considérable. Je me sens souvent en accord avec la pensée féministe américaine même si la réalité française est parfois différente et souvent enviable. Certaines féministes françaises considèrent que le modèle culturel américain ne convient pas à la France, que les Américaines voudraient nous donner des leçons. Dès la naissance du MLF, on lui a reproché d'être directement inspiré par le mouvement féministe américain. Même Élisabeth Badinter, une pionnière et une amie, pense que l'on a surajouté une pensée américaine à notre manière de faire française, beaucoup plus douce, universelle[23]. Les féministes américaines seraient ancrées dans une culture plus violente, notamment entre les sexes. Le modèle français serait plus courtois, galant et harmonieux… Certes, chaque culture élabore ses propres modèles, mais l'idée que la France serait le pays de la douceur et la terre d'élection des femmes me paraît contestable.

En France, on se méfie des différences qui s'affirment de manière trop extrême, on veut les faire entrer à l'intérieur d'un moule universel. À l'inverse,

Alexis de Tocqueville avait déjà constaté à quel point le communautarisme cimente la société américaine : aux États-Unis, l'idée de communautés est considérée comme normale et même valorisée. À mon sens, c'est moins une question de rapports hommes/femmes que l'effet d'une culture politique générale qui rejaillit évidemment sur le dialogue entre les sexes.

Les mythes

Parmi les questions qui ont fait débat figure celles, du rapport entre les sexes dans la préhistoire et du matriarcat primitif. Une grande interrogation concernait l'existence même des Amazones. Pour les Américaines des années 1970, leurs plus ferventes adeptes, les Amazones étaient l'incarnation de la puissance féminine. Les spécialistes d'histoire ancienne rappellent que les Amazones relève du mythe, mais que les mythes font partie de la réalité des représentations. Les Amazones sont une réalité mythique, expliquent des historiens comme Pierre Vidal-Naquet, Jean-Pierre Vernant ou Pauline Schmitt-Pantel, qui ne supportait pas que les féministes les brandissent comme exemple de libération des femmes. Cette question m'a éclairée sur la notion de mythe : les hommes craignaient que les femmes prennent le pouvoir et, avec les Amazones, ils imaginaient ce qui se passerait – elles se couperaient le sein, auraient des armes, leur feraient la guerre. Aujourd'hui, le mythe de l'Amazone est toujours prêt à renaître comme figure d'émancipation et de libération, mais aussi de prise de pouvoir.

Le féminisme a également des mythes tournés vers l'avenir, imaginant des femmes porteuses de régénération et d'un avenir meilleur. Par leur expérience, elles auraient sur la société un regard plus bienveillant, plus conscient des problèmes du corps. La philosophie du *soin* préserverait de certaines idées de conquête, de destruction pour l'innovation, de consommation perpétuelle. Cet écoféminisme naguère incarné par Françoise d'Eaubonne préconise de « prendre soin » du corps, de la famille, de la société, de chercher une forme d'équilibre. Cette vision pacifiée des rapports sociaux et sexués est positive, mais il faut se méfier d'une projection prophétique selon laquelle les femmes pourraient créer le bonheur. Pas plus que le peuple n'est porteur de justice, comme on a voulu le croire dans les années 1950-1960, les femmes ne sont détentrices du bonheur.

Antiféminisme

Avant le livre de Christine Bard, *Un siècle d'antiféminisme*[24], il y a quatre-vingts ans Virginia Woolf[25] évoquait déjà l'antiféminisme. Selon elle, l'histoire de l'opposition des hommes à l'émancipation des femmes est encore plus intéressante que l'histoire de cette émancipation elle-même. Cette opposition a pendant très longtemps représenté la pensée dominante, comme l'illustrent parfaitement les textes philosophiques réunis dans *Les Femmes de Platon à*

Derrida. Anthologie critique[26]. Pour l'immense majorité des hommes, l'infériorité des femmes est une évidence.

Réaction personnelle ou collective, l'antiféminisme se construit par rapport au féminisme, s'y oppose, reprend ses arguments pour les détruire, les démonter. Il s'appuie sur les conquêtes des femmes pour démontrer leurs erreurs et les ramener à une « nature » dont elles ne devraient pas sortir. Le féminisme serait un danger menaçant l'équilibre des sexes naturellement construit.

Mais au fait, pourquoi les hommes seraient-ils féministes, quand l'égalité entre les sexes risque de leur faire perdre leur position privilégiée ? Alors qu'il paraissait normal que les hommes aient des droits supérieurs, tout simplement parce qu'ils étaient supposés supérieurs, voilà qu'on remet tout cela en question, que les femmes réussissent aussi bien qu'eux, qu'elles savent parler, écrire comme eux, qu'elles avancent, conquièrent des droits. Certains hommes s'en affolent, comme dans l'entre-deux-guerres, quand des universitaires avaient écrit à propos de l'entrée des femmes à l'université qu'il s'agissait d'une « invasion ».

L'antiféminisme repose sur la même idée que la misogynie traditionnelle, dont il diffère surtout par l'expression : plus intellectuel, plus raisonné, il passe moins par des plaisanteries que par des textes et des arguments. La misogynie, ou haine des femmes, est beaucoup plus ancienne. Elle est plus banale, souvent vulgaire, génératrice de propos parfois graveleux que l'on apparente volontiers à de la gauloiserie.

L'antiféminisme a un caractère politique. Il se nourrit notamment des conquêtes des femmes elles-mêmes. Au XXᵉ siècle, le discours antiféministe s'est affiné, désormais il doit étayer son propos, prouver ce qu'il avance, affûter ses arguments. Après la guerre, de plus en plus de femmes ont pu accéder à des postes de pouvoir et à un large éventail de métiers. La frontière entre les sexes s'est déplacée, les hommes se sont sentis lésés et, pour certains, dévirilisés. Lorsqu'en 1967 la contraception a été légalisée, des hommes se sont demandé ce qui allait se passer avec la sexualité féminine. Le député à l'origine de la loi, Lucien Neuwirth[27], s'est vu accusé de transformer la France en bordel…

Les critiques contre le féminisme viennent de tous les milieux, y compris les plus éclairés. Au nom d'un certain équilibre, d'une conception traditionnelle du bonheur, les antiféministes sont troublés par les progrès de l'égalité. Ainsi Alexis de Tocqueville n'était pas du tout féministe. En 1848, il discute des événements révolutionnaires avec George Sand, qu'il n'apprécie guère. « Je n'aime pas les femmes qui écrivent », dit-il. Pourtant il est impressionné par ses propos. Surpris par l'acuité de l'analyse politique de celle qu'on appelait alors l'égérie de la République, il reconnaît qu'elle lui a fait comprendre bien des choses. Comme lui, nombre de démocrates et de progressistes étaient antiféministes, tant l'émancipation des femmes et l'égalité des sexes leur semblaient difficiles à concevoir.

De ce point de vue, le récent livre d'Emmanuel Todd, *Où en sont-elles ?* (Le Seuil, 2022), est très intéressant. Scientifique de grande valeur, Emmanuel Todd considère que les conquêtes des femmes ont déséquilibré la famille et la société. Comment un homme éclairé tel que lui peut-il interrompre une démonstration scientifique pour affirmer que la société se trouve *déséquilibrée* par les avancées des femmes ? Comment un travail de démographe éminemment respectable, une analyse des structures de la famille tout à fait édifiante basculent-ils au cours du livre vers cette question : où en sont-elles ? Il y a là une étrange rupture vers une autre forme d'analyse. Pour Emmanuel Todd, le féminisme est en partie responsable des dérèglements contemporains. Dans le chapitre « Le genre, une idéologie petite-bourgeoise », il incrimine l'égoïsme d'un féminisme qui, loin d'être universel, serait l'expression de petites-bourgeoises en voie d'émancipation. À la différence de Joan Scott qui considère le genre comme une catégorie utile de l'analyse historique, Todd le réduit à une idéologie petite-bourgeoise. Le genre, en France, fait encore débat.

Féminisme, masque blanc ?

Dans les années 1960 et 1970, on a beaucoup reproché au mouvement féministe d'être essentiellement un mouvement blanc et bourgeois. Ce n'était que partiellement exact. C'est vrai, nous étions toutes blanches, mais du point de vue social nous étions de toutes provenances. Personnellement, j'avais pourtant été influencée par une pensée non blanche lorsque dans les années 1950, étudiante à la Sorbonne, j'avais rencontré deux jeunes Antillaises proches de Frantz Fanon, Suzy et Maddy Lastel. Elles me passionnaient. Elles sont les premières à m'avoir fait lire *Peau noire, masques blancs*[28].

L'immigration a modifié le féminisme actuel, même si ce n'est pas suffisant. Les femmes pauvres, les immigrées, les invisibles, ont d'autres priorités que le combat féministe. Pour autant, elles ne sont pas passives, mais il faut réfléchir à ce qu'il leur est possible de faire, et avec quelles armes… Les femmes issues de l'immigration qui travaillent en France, même dans les positions les plus modestes, gagnent plus d'argent que si elles étaient restées dans leur pays. Elles deviennent aussi plus exigeantes avec leur compagnon et sont parfois en position de le quitter parce que, même modestement, elles ont acquis une autonomie financière qui leur permet de s'émanciper. La situation est plus compliquée pour celles qui ne travaillent pas et dépendent d'un mari. Elles acceptent des situations qui nous paraissent intolérables, une souffrance dont nous n'avons pas suffisamment conscience. Qu'il s'agisse de problématiques salariales ou juridiques, féminisme et question sociale sont, en théorie, compatibles. Mais une espèce de division du travail social s'est effectuée au sein de la société française.

Dans le monde occidental, le féminisme est un complément de la démocratie. Il opère pour les femmes, mais a du mal à s'imposer à tous comme une vision partagée et universelle du monde. Au moindre acquis, on veut croire que la question des femmes est réglée et qu'il faut tourner la page, sans réfléchir au fondement systémique de la domination. Le féminisme apparaît trop souvent comme la simple expression d'une revendication plutôt que comme une pensée critique. Autrement dit, si les femmes atteignaient leurs objectifs, le féminisme n'aurait plus lieu d'être.

C'est évidemment faux et d'ailleurs, même pour celles qui travaillent et sont relativement privilégiées, la bataille est loin d'être gagnée. L'objectif « à travail égal, salaire égal » n'est pas atteint, il reste encore quelques marches à gravir pour l'égalité complète. En outre, les femmes continuent de renoncer à certaines études et donc à certaines filières professionnelles. Dans les familles et chez les femmes elles-mêmes, des préjugés demeurent concernant l'éducation des filles, qui limitent leurs ambitions. En politique, où les progrès sont incontestables, le pouvoir suprême n'est toujours pas très partagé. Et c'est pareil dans les entreprises, même si les conseils d'administration se sont féminisés.

Enfin, dans la vie quotidienne, les tâches domestiques et les enfants sont toujours majoritairement du ressort des femmes. Le poids de la maternité les empêche d'être complètement maîtresses de leur destin. Sans parler des féminicides, des brutalités conjugales que la pandémie a aggravées. Dans l'enceinte du foyer, on a hélas constaté que les violences étaient en augmentation.

La société n'est pas inerte : chaque avancée féministe amène des réactions, les unes favorables, les autres interrogatives ou franchement hostiles. Et lorsque les hommes se sentent menacés par un progrès pour les femmes, leur rejet peut s'avérer brutal.

« Nous, les femmes »

En France, chaque sensibilité politique a pu avoir, à différents moments, des attitudes défavorables à l'émancipation féminine. Les radicaux ont longtemps eu une peur terrible de l'influence des prêtres sur les femmes. Michelet, qui était républicain, voyait derrière chaque femme le confesseur qui allait s'introduire dans l'intimité des couples et prendre la place du mari ou du père… Chez les socialistes, et conformément à la pensée marxiste, l'idée prédominante était qu'il fallait d'abord faire la révolution : les problèmes des femmes, annexes, seraient résolus après.

Le féminisme a bouleversé les rapports entre les sexes en exprimant un mouvement collectif. Il est sorti de l'exception de personnalités comme Madame de Staël ou George Sand pour se manifester dans ce « nous, les femmes » qui va prendre tellement de force dans les années 1970. Le féminisme dépasse les individualités, il dit une collectivité.

Le regard féministe est une remise en cause des évidences, des héritages, de cette histoire qu'on a reçue sans réfléchir. La sociologue québécoise Marie-Ève Surprenant[29] affirme qu'à partir du moment où l'on porte un regard féministe sur le monde, il n'y a plus de repos… C'est compliqué, et au quotidien on n'a pas toujours envie de conflit, il y a un juste milieu à trouver pour ne pas s'ériger en censeur permanent.

Le féminisme est une recherche aux réponses multiples, souvent faites d'hypothèses et comportant parfois des erreurs. À l'avenir, de nouveaux questionnements ne manqueront pas de surgir, qui apparaîtront comme évidents. Par moments, on peut avoir le sentiment d'avoir fait tellement de découvertes qu'on est arrivé au bout de la recherche. Il n'en est rien. Il en est du féminisme comme de l'astronomie : grâce au progrès des techniques d'observation, on n'en finit pas de découvrir de nouvelles étoiles. Il n'y a pas plus de fin du monde que de fin de l'histoire.

Je suis frappée par le fait que, encore aujourd'hui, on ne prenne pas la pensée féministe au sérieux. Qu'on ne voie pas, par exemple, l'intérêt des travaux de Camille Froidevaux-Metterie[30], comme *Un corps à soi*, livre consacré au corps féminin. Depuis une quinzaine d'années, alors qu'ils se sont renouvelés, les ouvrages sur les femmes sont très peu lus, en dehors d'une minorité qui s'intéresse déjà au sujet. Ils sont balayés d'un revers de main comme s'ils étaient l'expression d'une poignée de féministes qui revendiquent encore... Or on devrait les considérer comme une réflexion importante, une pensée à découvrir, qu'on la partage ou pas.

La communication joue un grand rôle dans le combat féministe : on l'observe de manière impressionnante aujourd'hui avec le mouvement #MeToo, exemple de ce que peuvent apporter les réseaux sociaux – si pernicieux par ailleurs. Dans les années 1970, *Le torchon brûle* se désignait comme publication « menstruelle » et revendiquait de parler des sujets toujours tus. Les féministes d'alors avaient un grand sens de l'image, de l'humour et de la chanson. Elles avaient senti que le combat des femmes serait mieux compris dans l'opinion publique qu'au sein des institutions, beaucoup plus rigides... D'où l'importance de moyens de communication de diverse nature.

La prise de conscience de la réalité de la domination, qui survient dans les années 1990, permet de mieux mesurer les rapports de faiblesse et d'assujettissement dans une relation, qu'il s'agisse d'une relation homme/femme ou d'une relation adulte/enfant. La question de la domination de l'enfant, qui nous hante aujourd'hui, nous n'en avions pas une conscience aussi vive dans les années 1990-2000. Nous faisions toujours la distinction entre le privé et le public, et je me souviens d'avoir pensé, à propos de faits aujourd'hui considérés comme scandaleux, « ce n'est pas grave »... Le privé était du domaine de la liberté, il ne regardait personne. Les gens n'étaient jugés que sur leur comportement dans la vie publique, politique ou sociale. Il suffit de se souvenir de François Mitterrand, bigame tranquille, père de Mazarine, dont ne parlaient ni les intimes ni les journalistes informés. Au nom du privé et de la liberté, les manifestations de domination masculine sur les enfants et sur les femmes bénéficiaient d'une extrême indulgence, voire d'indifférence.

Depuis dix ans, il existe un féminisme flamboyant qui se situe dans une action de plus longue durée. Le féminisme, comme nouvelle manière de voir les rapports entre les sexes, concerne tout le monde et peut être une occasion de réflexion, de discussion, parfois de friction, et même de rupture... Il n'est pas de tout repos : c'est une remise en cause du quotidien et de la pensée. Je souscris à l'affirmation d'Yvette Roudy : si toutes les femmes étaient féministes, il y a fort longtemps qu'elles auraient conquis une forme totale d'indépendance.

Du corps au genre

Aujourd'hui, le féminisme ne peut être dissocié des réflexions sur le corps. Cela n'a pas toujours été le cas : ce thème apparaît surtout à partir du XXe siècle. D'abord le corps procréateur, puis le corps séduit. Prendre en compte le corps et la biologie, à la suite de Françoise Héritier, n'empêche pas de voir comment les catégories du masculin et du féminin se sont construites. Il faut considérer le corps, examiner comment il a été appréhendé, représenté, minoré, avili, méprisé, disséqué, exalté – comme l'ont fait Alain Corbin, Jean-Jacques Courtine et Georges Vigarello[1].

Donner aux femmes des droits sur leur corps et sur la naissance (qui est un choix politique), par la contraception et le droit à l'avortement, est un coup porté à la virilité, érigée en affirmation du pouvoir des hommes sur le corps des femmes et sur leur sexualité. Il y a une structure anthropologique de la domination. Le discours plurimillénaire considère les hommes comme les acteurs de la sexualité, dont les femmes sont l'objet. L'objectif du combat des femmes est qu'elles parviennent à s'affranchir de ce statut, qu'elles le refusent et fassent de leur acceptation une condition de la sexualité, soit une sexualité librement exercée, consentie par les deux sexes.

Notre corps, nous-mêmes

Depuis un siècle environ, la sexualité est objet de discours et de savoir. Dans le même temps, elle est aussi devenue un champ de bataille : les hommes veulent profiter de ce droit au plaisir à leur avantage, alors que les femmes n'acceptent plus que le plaisir partagé. L'intime, autrefois secret, caché, se change en objet de lutte, et par conséquent en lieu de parole. Longtemps, les femmes ont « mis leur corps de côté » : il fallait le cacher, faire oublier tout ce qui pouvait les inférioriser, comme les règles. Sur la voie égalitaire, on a minimisé toute particularité, et d'abord le corps féminin.

On prolonge aujourd'hui des questionnements, des revendications d'il y a cinquante ans. Simplement, leur expression est différente. La devise des femmes, dans les années 1970, était déjà *Notre corps, nous-mêmes*, slogan reprenant le titre d'un ouvrage collectif publié aux États-Unis en 1973, *Our bodies, ourselves*[2] : nous sommes notre corps. C'était très nouveau à l'époque. Les femmes le pensaient surtout relativement au droit à l'avortement. Dix ans plus tard, elles l'ont pensé à propos du viol. Parler de la jouissance féminine est normal aujourd'hui, la frontière du dicible et du faisable s'est déplacée. La parole englobe à présent le corps dans tous ses replis, son intimité, ses organes, ses revendications.

Les femmes doivent se réapproprier leur corps comme une source de jouissance et de bonheur, affirme Camille Froidevaux-Metterie. Ce corps caché, oublié, refoulé, elles doivent le penser comme une particularité, non comme une infériorité. C'est un travail plus aisé pour les jeunes générations, qui veulent que leur corps soit considéré jusque dans ses dimensions les plus intimes. Un exemple : le clitoris. Simone de Beauvoir l'évoque dans *Le Deuxième Sexe*, mais d'une manière générale on n'en parlait pas. Tout a changé ces dernières années et deux livres sur le sujet sont sortis en l'espace de trois ans : après *Les Sciences du désir. La sexualité féminine, de la psychanalyse aux neurosciences*[3], codirigé avec Marilène Vuille, Delphine Gardey a publié, en 2021, *Histoire politique du clitoris*[4]. Dans ses travaux sur la « sexologie », Sylvie Chaperon fait une large place aux organes féminins.

Le champ de l'intimité sexuelle est initialement un domaine privé, voué au silence. Si on le conquiert, si on en parle, c'est en vertu d'un mouvement général qui fait que le privé devient public. Aujourd'hui, on parle aussi des violences gynécologiques. C'est difficile, car il existe un rapport de confiance et de confidentialité entre une femme et son médecin. Et puis, sexualité et pudeur restent étroitement liées. En parler n'en est que plus malaisé, la parole doit donc être collective, du moins collectivement autorisée.

Les femmes refusent que leur corps, leur intimité et surtout leur sexualité soient utilisés, ni par un geste dont elles ne veulent pas, ce qui est au cœur de #MeToo, ni par un regard ou une parole qui donnerait à voir ce qu'elles ne souhaitent pas montrer. Le secret de l'intimité est une frontière délicate où se retrouvent refus, acceptation, désir… Il y a des choses que l'on n'a pas du tout envie de rendre publiques. En revanche, si le droit au secret ne sert qu'à une oppression, il faut déchirer le voile. Oser parler d'inceste, de viol. Si le droit au secret, c'est moi qui le veux avec un partenaire, j'ai le droit de le faire respecter. Si le droit au secret sert l'oppresseur, j'ai le droit de le rompre.

Quand les jeunes féministes d'aujourd'hui évoquent le prix trop élevé des protections périodiques et le fait que les filles qui n'ont pas d'argent n'ont pas accès à l'hygiène, elles se saisissent de réalités quotidiennes et elles ont raison. Les nouveaux modes de communication entraînent de nouveaux modes d'expression, et peut-être de nouvelles prises de conscience. Naguère, on ne parlait pas des préservatifs. Aujourd'hui, plus personne ne trouve anormal que, dans un lycée, il y ait des distributeurs publics de préservatifs.

Je suis mon corps, je suis mon apparence

Paradoxalement, les femmes sont restées enfermées dans des contraintes liées à l'industrie de la beauté. La beauté était considérée comme le seul capital d'une femme quand elle n'avait pas d'argent. Si la beauté est un capital, il faut pouvoir le faire fructifier, le mettre en valeur. Toute l'industrie de la beauté a surfé sur cette idée qu'une femme « est » son corps, « est » son apparence. L'industrie de la mode et celle de la beauté sont surtout une domestication des apparences, une mise en ordre : une forme d'asservissement, de sujétion dont il est extrêmement compliqué de se débarrasser. L'idée de plaire est une idée que les femmes ne rejettent pas. Ce qu'elles revendiquent, c'est de pouvoir elles-mêmes séduire : séduire un homme ou une femme si elles en ont envie, ou plus largement séduire le public. La séduction dépasse le sexe, c'est un fait social et politique. Par conséquent, les femmes qui se battent maintenant dans la sphère publique veulent aussi séduire dans leur milieu professionnel : elles sont journalistes, elles passent à la télévision, participent à des discussions économiques, siègent dans des conseils d'administration… Elles veulent séduire, par leur corps, par leur apparence, par leurs paroles, par tout ce qui fait la séduction publique.

Gisèle Halimi et Choisir

Dans les années 1950, on se pose la question de la maternité. D'abord autour de l'accouchement, qu'on voulait « sans douleur », revendication, en grande partie illusoire, portée notamment par la clinique parisienne des Bleuets, liée aux communistes. Puis on commence à parler de la contraception. À partir de 1960, le Planning familial, aidé par des médecins solidaires comme le docteur Simon, soutient les femmes, y compris dans l'avortement. Le droit à la contraception est l'ambition du Planning. Rendre les femmes maîtresses de la conception et de la naissance devient un impératif, qui s'impose d'autant plus que l'aspiration à une libre sexualité s'affirme plus fortement. L'évolution des jeunes chrétiens est particulièrement intéressante à cet égard, comme l'atteste le mouvement L'Anneau d'or, autour de la revue du même nom créée par des jeunes couples de chrétiens parisiens et qui ose parler de « faire l'amour », même si l'Église demeure très ferme sur ses positions.

Signe des temps : dans les années 1960, Sœur Sourire a été condamnée parce qu'elle avait chanté, au Québec, une chanson sur la pilule, à l'époque où elle n'était pas encore acceptée.

Quand nos grands-mères se mettaient en ménage
On leur disait « Ma fille, sois bien sage.
[…]
La pilule d'or est passée par là, la biologie a fait un nouveau pas.

(Sœur Sourire, « La pilule d'or »)

À partir des années 1970, le féminisme est déjà un féminisme du corps. Il faut souligner le rôle des procès de l'époque, notamment celui de Bobigny en 1972. Gisèle Halimi, avocate déjà connue, avait pris la défense d'une jeune femme mineure, Marie-Claire Chevalier*, qui, enceinte à la suite d'un viol, avait avorté avec l'aide de sa mère et de trois autres « complices ». L'avocate avait appelé des personnalités connues à s'exprimer à la barre. Les échos du procès et l'émotion suscitée avaient entraîné des manifestations de solidarité envers l'accusée et Gisèle Halimi. La revendication pour le droit à l'avortement a commencé à s'exprimer à ce moment-là. Le Planning familial, entre autres, alertait depuis de nombreuses années sur les situations dramatiques vécues par certaines femmes. La sexualité, plus libre, pouvait en effet avoir, pour elles, des effets difficiles, voire catastrophiques.

Revendications, forces et mouvements de diverse nature, conjugués à un pouvoir plus libéral avec l'arrivée de Giscard d'Estaing, élu président de la République en 1974, ont constitué un terrain favorable à l'éclosion d'une opinion nouvelle. La coalition qui a permis la loi Veil et le vote sur l'IVG était constituée de personnes d'appartenances différentes, qui se battaient pour un droit des femmes, et de femmes prises dans leurs difficultés quotidiennes. Deux figures féminines majeures issues de milieux politiques différents, Gisèle Halimi et Simone Veil, ont uni leurs efforts pour faire aboutir la revendication du droit à l'avortement.

La contraception et le droit à l'avortement ont permis aux femmes de passer de l'enfant subi à l'enfant

---

* Décédée en janvier 2022.

désiré : un changement majeur, que l'invention de la pilule a rendu possible. Ce contrôle des naissances libère la sexualité : une révolution pour les femmes, devenues maîtresses de la procréation – elles en sont du même coup devenues responsables, ce qui est un souci pas toujours partagé.

La maternité demeure ancrée dans le modèle féminin français. La maîtrise du corps et le choix de la maternité furent une révolution pour les femmes, mais aussi pour les enfants. L'enfant, et par conséquent le futur adulte, n'a plus du tout le même statut, la même place dans la société. Les conséquences sont énormes, sur le nombre des enfants, le moment de leur naissance, les rapports entre parents et enfants, le souci de l'enfant, l'investissement dans l'enfant. C'est une autre révolution non dépourvue de contraintes. Devenues mères volontairement, les femmes vont devoir être de très bonnes mères, des mères d'autant meilleures qu'elles ont choisi de l'être. La maternité libre n'est pas pour autant légère...

Hétéros et homos

Dans les années 1970, une forme de solidarité s'est créée autour des droits des femmes, des homosexuels et de certaines minorités. Les grandes luttes de l'époque, la contraception et la liberté de l'avortement, n'étaient pas les premières préoccupations des lesbiennes qui, pourtant, ont défendu avec force la liberté des femmes, hétérosexuelles et homosexuelles.

136

Le lesbianisme politique se battait pour le droit à l'avortement, alors que les lesbiennes de l'époque, par leur choix, renonçaient aux enfants. Elles ont dépassé leur condition propre, joué un rôle altruiste, généreux, et dénoncé le patriarcat, qu'on n'appelait pas encore « domination masculine » : elles le voyaient comme un système pesant sur les hommes et les femmes, hétéro- et homosexuels. Elles ont eu le mérite de saisir qu'il s'agissait d'un système global, et que tout le monde était concerné. À Jussieu, j'étais soutenue par les femmes, bien sûr, mais aussi par les homosexuels. Plusieurs étudiants sont venus me demander des sujets de thèse sur l'homosexualité : pour eux, c'était comme une évidence, le combat était le même.

Depuis 1791, l'homosexualité n'était plus répréhensible juridiquement, mais le régime de Vichy avait rétabli un délit d'homosexualité, abrogé en 1982. Et, en 1990, l'OMS l'a enfin rayée de la liste des maladies mentales, parmi lesquelles on la classait généralement. En tout cas, elle a longtemps suscité la réprobation : Rolande Trempé, dont le père était un ouvrier agricole à peine alphabétisé, a joué un grand rôle dans la Résistance. Militante, elle avait très envie, juste après la fin de la guerre, de se présenter aux élections, mais la direction locale du Parti communiste l'a récusée parce qu'elle était lesbienne.

Le chapitre sur les lesbiennes, dans *Le Deuxième Sexe*, est une sorte de normalisation de l'homosexualité féminine. Simone de Beauvoir explique pourquoi elles sont mal vues, mises à l'écart. Ce sont les féministes américaines qui ont été parmi les premières à parler de l'histoire des lesbiennes. Ainsi Carroll Smith-Rosenberg, qui a étudié le rôle des couvents et des collèges féminins comme lieux d'amour des femmes. C'était un sujet neuf à l'époque, que les Françaises, plus timides, n'abordaient pas.

La liberté d'aimer selon son orientation sexuelle est une revendication où féministes et gays se retrouvent contre la domination masculine qui sépare rigoureusement homosexualité et hétérosexualité. La société patriarcale est fondée sur le mariage entre un homme et une femme ; elle rejette l'union, stérile par ailleurs, de deux personnes du même sexe.

La majorité des féministes des années 1970 étaient hostiles au mariage et regardaient les femmes mariées comme un peu rétrogrades. À présent, il y a une revendication du droit au mariage pour les homosexuels et les minorités LGBT, au nom de la reconnaissance de leur égalité complète. Alors que je souscris totalement à cela, une de mes amies lesbiennes n'est pas du tout d'accord. Très militante jadis, elle critique aujourd'hui ce conformisme du mariage, ce à quoi je réponds que personne n'est obligé de se marier, mais que tout le monde doit en avoir le droit.

Dans ces années-là, lorsque certaines femmes découvraient qu'elles aimaient les femmes, beaucoup maintenaient leur choix d'un couple hétérosexuel, celui de la maternité, et se mettaient dans l'obligation de mener de front tous ces aspects de leur vie. Les femmes féministes et hétérosexuelles des années 1970-1980 ont souvent dû assumer la diversité des rôles. Et souvent aussi, elles ont dû prendre en compte le désarroi d'hommes peu préparés à ces bouleversements sociétaux.

Aujourd'hui, le mariage pour tous existe, et la procréation médicalement assistée (PMA) est accessible à toutes les femmes, hétéro ou homosexuelles, mutations considérables des frontières du genre et signe de leur fluidité.

Genre

Les revendications des femmes concernant leur corps s'appuient sur des réflexions théoriques concernant les différences entre les sexes. Curieusement, la question du rapport entre les sexes depuis les origines ne se pose réellement que depuis une cinquantaine d'années. C'est notre regard actuel sur les différences des sexes qui a changé notre conception de cette très longue période et a amené nombre d'historiennes féministes à s'y intéresser. Ainsi s'est développée la notion de genre, que l'on peut définir comme la construction sociale et culturelle de la différence des sexes.

Le genre est un outil de compréhension tel que l'histoire et les sciences sociales en fournissent pour permettre de saisir les transformations de l'humanité dans la durée. Et comme l'écrivait Joan Scott en 1986, « le genre est un outil utile dans l'analyse historique ». Il ne faut pas confondre les instruments de compréhension et les systèmes de pensée : le genre n'est pas un dogme, c'est une manière d'appréhender une réalité.

Les féministes américaines ont sans doute été les premières à parler du corps des femmes, de leurs amours, et c'est par elles que nous est arrivé « le genre » dans les années 1980. Bien sûr, on pourrait dire que Simone de Beauvoir est la mère du genre. Quand elle dit « On ne naît pas femme, on le devient », cela signifie que la différence des sexes n'est pas purement naturelle ; elle n'est pas uniquement liée à la biologie. La philosophe n'emploie jamais le terme « genre » mais son existentialisme soutient qu'il n'y a pas d'être, il n'y a qu'un devenir. Dans la célèbre citation, qui sera d'ailleurs reconnue par les Américaines comme fondamentale, le mot « devenir » est crucial. Il y a un « devenir » homme comme un « devenir » femme, un rapport à soi qui se construit à travers le temps.

Être féministe, c'est prendre conscience de la hiérarchie entre les sexes, un déséquilibre ancien qui perdure malgré l'évolution des mœurs à laquelle les femmes ont évidemment contribué. La conscience de genre, c'est la conscience de cette hiérarchie. Elle s'apparente à la conscience de classe telle que l'a exprimée l'historien marxiste anglais Eric Hobsbawm[5].

Pour E.P. Thompson[6], autre historien britannique qui a écrit sur la naissance de la classe ouvrière anglaise, la conscience de classe était très rare. La conscience de genre l'est aussi. On la voit émerger collectivement lors de moments assez exceptionnels, comme dans les années 1970 autour de la liberté et du droit à l'IVG, aboutissant à la loi Veil de 1974. On la retrouve ensuite autour du procès d'Aix-Marseille et de la loi sur le viol. Elle est aujourd'hui présente dans #MeToo et la lutte contre le harcèlement sexuel. Mais ces épisodes restent relativement ponctuels.

Lorsque nous disons « nous, les femmes », qu'est-ce que cela veut dire ? Qui sommes-nous ? Y a-t-il une identité entre nous ? Une sororité ? Parce qu'il y avait, parmi les féministes, des universitaires, sociologues et historiennes spécialistes des questions sociales, la prise de conscience des différences de classes et d'intérêts entre les femmes a été assez rapide. Les questions que nous appellerions aujourd'hui « de genre » traversent toutes les sciences humaines. La sociologie et l'histoire sont les disciplines les plus concernées.

Les réseaux sociaux permettent une circulation de l'information et un accès aux études beaucoup plus rapides. Grâce à cela des départements de *gender studies* ont fleuri partout aux États-Unis, mais aussi en France, à un niveau beaucoup plus modeste. Les publications sont nombreuses : revues, livres… La production est aujourd'hui infiniment plus importante qu'elle ne l'était il y a cinquante ans.

Incontestablement, le genre est toujours l'objet de débats passionnés en France. Si les rôles restent encore relativement genrés, les frontières tendent tout de même à s'estomper : les hommes repassent, les femmes bricolent, les deux vont chercher les enfants à l'école. La société résiste cependant : il n'est guère possible d'effacer le poids de toute l'histoire en si peu de temps. Il y a quelques années, lorsqu'on a introduit, peut-être de façon maladroite, l'idée qu'il fallait parler du genre aux enfants dans l'enseignement primaire, des parents ont pensé qu'on allait transformer les garçons en filles et les filles en garçons. Il y a en France une peur diffuse de la confusion, de l'uniformisation des sexes. C'est plus rassurant d'avoir des sexes définis, des éducations bien réglées, des domaines séparés. L'idée du partage comme fondement d'une société et d'un État continue de prévaloir.

L'émancipation des femmes est un processus récent : il a débuté il y a à peu près deux cents ans. Mais la dernière vague féministe n'a qu'une cinquantaine d'années. Qu'est-ce qu'un demi-siècle par rapport aux modèles imposés depuis des millénaires ?

L'universel en débat

Deux conceptions du féminisme semblent s'affronter : l'une, universaliste ; l'autre, différentialiste ou essentialiste. Le féminisme différentialiste valorise la « féminité » et combat la masculinité en soi. Le principe : « Les hommes naissent et demeurent libres et égaux en droits » est universel. Mais que signifie « universel » ? Les révolutionnaires de 1789 font une différence considérable entre hommes et femmes, distinction que l'on retrouve dans la philosophie des Lumières, notamment chez Jean-Jacques Rousseau, résolument différentialiste. Les philosophes des Lumières ne méprisent pas les femmes, mais pensent que le distinguo homme/femme est fondamental, dicté par la nature et par l'utilité commune : les hommes sont assimilés à la sphère publique avec, au sommet, la politique, qui ne peut être exercée que par eux, la sphère privée – la famille, la maison, la naissance, les enfants – étant réservée aux femmes. La pensée révolutionnaire, universaliste dans son principe, sépare les hommes et les femmes. On le voit très bien dans le droit de vote : pour Sieyès, les femmes sont des citoyennes passives, qui ont droit à la protection de leur personne et de leurs biens mais ne votent pas. Elles n'ont aucun accès à la décision politique. Néanmoins, son discours n'est pas sans nuance puisqu'il précise : « du moins dans l'état actuel[1] », comme si les femmes n'étaient pas encore capables à ce moment-là d'être citoyennes et de participer à la vie publique, mais pourraient l'être un jour.

Cette distinction a été immédiatement récusée par les femmes, en particulier par Olympe de Gouges, la première à avoir eu conscience que cet universalisme proclamé était un piège. Elle objecte que si les femmes ont le droit de monter à l'échafaud, elles ont aussi le droit de monter à la tribune, à la fois lieu matériel et symbolique. Publiée en 1791, en fait très peu diffusée (elle l'affichait elle-même dans les lieux accessibles), sa *Déclaration des droits de la femme et de la citoyenne* est d'une grande clarté, et on pourrait toujours la revendiquer aujourd'hui. En voici deux extraits.

Article VI : « La Loi doit être l'expression de la volonté générale ; toutes les Citoyennes et Citoyens doivent concourir personnellement, ou par leurs représentants, à sa formation ; elle doit être la même pour tous : toutes les Citoyennes et tous les Citoyens, étant égaux à ses yeux, doivent être également admissibles à toutes dignités, places et emplois publics, selon leurs capacités, et sans autres distinctions que celles de leurs vertus et de leurs talents. »

Article XVI : « Toute société dans laquelle la garantie des droits n'est pas assurée, ni la séparation des pouvoirs déterminée, n'a point de Constitution :

la Constitution est nulle, si la majorité des individus qui composent la Nation n'a pas coopéré à sa rédaction. »

En matière de liberté d'expression, il n'y a pas tant d'événements véritablement créateurs dans l'histoire. La Révolution en est un, assurément. La déclaration d'Olympe de Gouges aussi.

L'essentiel et le différent

Universalisme et essentialisme ne sont pas exclusifs l'un de l'autre. Les essentialistes ont apporté beaucoup d'éléments nouveaux, dans l'« écriture femme » par exemple, en réfléchissant aux créations des femmes, aux femmes en tant que telles. Les universalistes mettent l'accent sur la différence et pensent qu'il faut toujours étudier et analyser cette différence sans séparer les hommes et les femmes. En tant qu'historiennes, l'idée de « genre » nous convenait. Dès 1992, au colloque de la Sorbonne, l'historienne italienne Gianna Pomata[2] nous mettait en garde : le genre allait nous renvoyer à la différence des sexes... et de ce fait, les femmes seraient de nouveau oubliées. Il fallait au contraire faire leur histoire, leur histoire sociale et culturelle. Le débat méthodologique n'est toujours pas clos mais on peut concilier universalisme et essentialisme. On peut très bien faire une histoire des femmes qui recherche leurs traces, leurs accomplissements, sans jamais oublier qu'elles vivent dans un contexte historique, et qu'il est logique de replacer leurs œuvres, leurs paroles et leurs actes dans ce contexte.

En réalité, l'universalisme et l'essentialisme sont souvent entremêlés. Cela fait partie des apories, des paradoxes où il faut tenir les deux bouts de la chaîne. L'universalisme est une valeur absolument nécessaire, fondamentale : femme, je représente aussi les hommes si je suis députée ; si j'écris l'histoire des femmes, je l'écris pour les hommes et pour les femmes, avec les instruments de la recherche historique faite par des hommes et par des femmes ; je me réclame d'historiens comme Marc Bloch ou Ernest Labrousse, parce que, comme disait Descartes, la science n'a pas de sexe.

On pourrait déjà trouver des traces du débat autour de l'essentialisme au XIXe siècle, entre celles qui se réclamaient de leur condition de femme – il y a d'ailleurs des théoriciennes de cette façon de penser, notamment dans les pays scandinaves – et d'autres, souvent en France d'ailleurs, qui, au contraire, revendiquaient une conception républicaine, héritée de la Révolution française, et demandaient simplement l'égalité des droits. George Sand, par exemple, a beaucoup hésité entre ces deux conceptions mais déclare à un moment donné qu'un homme et une femme, « c'est tellement la même chose » qu'elle ne voit pas les problèmes que l'on peut poser à cet égard. Cependant elle est très consciente de l'oppression des femmes.

Ce débat a pris de l'importance au cours des années 1970, au point de diviser les féministes. La majorité des féministes françaises étaient alors beauvoiriennes. Au sein de l'université, historiennes et sociologues étaient très beauvoiriennes et universalistes, tandis que les psychanalystes et les littéraires étaient plus essentialistes. Elles se réclamaient d'une « nature de femme » : il y a un donné qui fait qu'on est une femme et il ne faut pas rejeter cette différence, mais bien plutôt la revendiquer pour justement s'affirmer, découvrir le génie créateur des femmes, ne pas copier le modèle masculin. Les femmes, pensaient-elles, ont mieux à faire que de vouloir l'égalité avec les hommes. Elles doivent au contraire créer un autre modèle, créer autre chose à partir du corps féminin. Peut-être est-ce plus novateur mais, dans les années 1970, le féminin me faisait presque horreur.

Pour comprendre ces années-là, il faut se souvenir de l'importance du corps. Parmi les personnages marquants de cette période, on peut citer Monique Wittig et Hélène Cixous, laquelle s'est beaucoup réclamée de « l'écriture femme ». Bien des psychanalystes étaient anti-beauvoiriennes, estimant que Beauvoir niait le corps, niait la différence et qu'au contraire les femmes devaient s'en emparer, en faire le pilier de leur conscience et de leurs revendications.

Pour la sociologue Irène Théry, on a souvent assigné les femmes à leur différence, raison pour laquelle elles ont protesté en revendiquant au contraire l'altérité, qui est différence égalitaire. Les débats ont été nombreux, surtout dans les années 1980 : fallait-il se réclamer de la différence en la sublimant, en l'approfondissant – écriture féminine, corps féminin –, ou fallait-il au contraire la refuser pour ne pas s'y trouver enfermées ?

Pourquoi cette révolte contre l'idée d'« essence féminine » ? Au milieu de tout ce qui était inaccessible aux femmes, il y avait la possibilité d'exister à travers la création. Ce fut le discours dominant du XIXᵉ siècle : les universalistes refusaient de se laisser enfermer dans une vision qui les assignerait à une féminité-prison ; les essentialistes déclaraient qu'elles avaient, certes, été enfermées au nom de cette idée, mais qu'il fallait s'en emparer pour inventer une nouvelle façon de faire au lieu d'imiter les hommes. Ce courant comptait de nombreuses lesbiennes dans ses rangs.

Dans les années 1970, l'« écriture femme » a donné lieu à de vastes débats. Les universalistes considéraient que les hommes et les femmes pouvaient s'exprimer librement. Les rivalités, de la même manière, pouvaient être féroces.

Ainsi Antoinette Fouque, psychanalyste, fondatrice des Éditions des femmes, défendait des idées proches des essentialistes. Elle aurait évidemment aimé que l'*Histoire des femmes en Occident* paraisse chez elle et me l'a proposé. Georges Duby y était indifférent, mais le petit groupe des directrices de volumes (Pauline Schmitt-Pantel, Christiane Klapisch-Zuber, Arlette Farge, Geneviève Fraisse et Françoise Thébaud) y était opposé, préférant une maison d'édition généraliste s'adressant à tous. C'était à nos yeux la seule façon de changer le cours de l'histoire, du moins du récit de l'histoire.

La réflexion sur l'universalisme et la critique de ce concept sont aussi venues de plusieurs penseurs importants : Jacques Derrida, Pierre Bourdieu et Michel Foucault. Foucault ne se voyait pas du tout en apôtre de l'universalisme. L'intellectuel qu'il était se battait pour des causes mais n'était en aucun cas aliéné à une idéologie générale. Le dernier tiers du XXe siècle est une période d'intense réflexion sur les différences, sur les fondements d'un universalisme béat, sur ce qu'un discours universaliste peut avoir de dominateur, de modèle imposé aux autres, par exemple dans le cas de la colonisation...

L'universel ne peut être universel s'il exclut la moitié de l'humanité. S'approprier l'universel a constitué l'essence du combat des femmes. Les féministes rappellent qu'elles ont été exclues du code civil, des droits politiques, des droits du corps. Elles revendiquent cet universel dont elles sont exclues. C'est l'exigence de cohérence qui fait la force du féminisme et finit par révéler ces fameuses ruptures d'évidence dont Foucault fait des moments essentiels de l'histoire de la pensée : pourquoi exclut-on les femmes ? Au nom de quoi ? Il nous amène ainsi à nous demander comment et pourquoi nous avions pu penser autrement, rendant une évidence obsolète et la remplaçant par une autre.

Tout comme l'égalité, l'universel est un objectif : tous deux sont des principes fondamentaux non réalisés, qui sont en chemin. L'universalisme tend à plus d'égalité dans la représentation. On se retrouve devant une certaine contradiction : au nom de l'universalisme, un élu, qu'il soit homme ou femme, représente les hommes et les femmes, universellement.

Mais il n'est pas illégitime de déclarer : cette assemblée n'est pas paritaire, il faut que cela change, et pour cela on doit passer par un quota. C'est se réclamer là d'un principe de femme.

Le principe de l'universel est un bon principe, que l'on risque de morceler en créant quantité d'identités différentes susceptibles de s'opposer et d'engendrer des conflits : il y a, de la part de certains, une véritable peur de l'identitarisme, qu'exprime bien Alain Finkielkraut[3].

Immigrées

Le combat féministe est très divers et peut-être plus compliqué aujourd'hui qu'il y a trente ou quarante ans. Les femmes qui viennent d'une autre culture, nées en France pour la plupart, apportent un regard différent sur le corps, la religion... L'histoire de l'immigration féminine est mal connue. On l'aborde depuis une vingtaine d'années, notamment grâce à Nancy Green[4] qui, après avoir travaillé sur le sujet aux États-Unis, en a été l'une des pionnières en France. *Clio*, la revue d'histoire des femmes, y a consacré plusieurs numéros ; mais il faudrait aller beaucoup plus loin dans l'histoire des migrantes. Dès que l'on se met à chercher, on perçoit la complexité du phénomène. Il semble que le rôle des femmes a été de conserver les racines et de transmettre. Le beau roman de Leïla Sebbar, *Fatima ou les Algériennes au* *square**, le montre bien, à travers la cuisine, le vête-ment, les manières de parler, de se comporter, etc. Elles sont partagées entre la nécessité de s'adapter, le désir de conserver traditions et mémoire, et la volonté de se libérer. La jeune héroïne, Dalila, ne pense qu'à fuir un père qui la bat.

Le terme « racisé·e·s », fréquemment utilisé aujour-d'hui, peut être mal compris, ou détourné de son sens. Il y a des femmes « racisées ». Dans son livre *Soi-même comme un roi. Essai sur les dérives identi-taires*, Élisabeth Roudinesco traite de ces questions. Je ne partage pas toujours son point de vue, plutôt de rejet, mais elle a fait un très gros travail. Il faut se demander si ce sont des femmes racisées qui récla-ment qu'on les appelle ainsi ou si elles reproduisent un qualificatif qu'on leur attribue.

Se sentir « racisé », c'est avoir le sentiment d'atti-rer l'attention sur soi parce que l'on n'est pas consi-déré. On revendique alors sa couleur de peau comme une qualité. Il ne suffit pas de partir du genre, de la différence des sexes. Les différences sociales, eth-niques, de couleur de peau existent aussi. Pour com-prendre une situation, il faut souvent croiser tous ces éléments. Être intersectionnelle, en somme.

Il est indéniable, par exemple, que les femmes noires, aujourd'hui en France, vivent dans un modèle blanc dominant. Nous devons être conscients de ce qu'elles pensent et de ce qu'elles veulent. Faut-il pour autant défendre un modèle identitaire pour

----

* Stock, 1981 ; rééd. Elyzad, 2010.

chaque différence, au risque de morceler la société en petits groupes qui se battront chacun pour ses droits, quelque légitimes qu'ils soient ? Il faut un accord, des compromis, des concessions, pour parvenir à un modèle universel.

La question coloniale

Il existe un refus de voir, très sensible dans la question coloniale. Lorsque la France a enfin mis un terme à la colonisation, à la fin de la guerre d'Algérie précisément, il y a eu, de la part d'une génération, un puissant désir de ne plus en entendre parler. L'initiative du président de la République, Emmanuel Macron, de demander un rapport à Benjamin Stora était plutôt bonne puisqu'il faut en finir avec la guerre d'Algérie et reconnaître les torts de la France. Et Benjamin Stora a travaillé sur ce sujet de façon remarquable, à mon sens. Ce n'est pas parce que la décolonisation est derrière nous que l'esprit colonial est aboli. Il a conditionné la culture, les mœurs, la vie des gens, nos préjugés : on ne peut pas s'en débarrasser facilement. Prendre conscience de « la pensée coloniale » au sens fort du terme, c'est voir la colonisation sur la longue durée et dans les conséquences durables qu'elle a eues en profondeur sur les gens.

On retrouve toujours le dilemme identité/différence : chez les femmes, les ex-colonisés, les Noirs… Et c'est ce problème-là qui fait l'unité entre ces différents groupes.

Il est normal qu'une femme issue de l'immigration ait un autre regard sur la différence des sexes et le féminisme. Elle a une autre histoire. La démarche des féministes des années 1970 était simple, voire simpliste. Les femmes étaient invisibles, il fallait écrire leur histoire, mais nous l'avons fait d'abord dans une perspective occidentale. Pouvions-nous faire autrement ?

Joan Scott a écrit plusieurs livres à cet égard ; dans *La Citoyenne paradoxale. Les féministes françaises et les droits de l'homme* (Albin Michel, 1998), elle montre que le féminisme universel exclut beaucoup, qu'il recouvre des différences qu'on ne voulait pas reconnaître. J'étais en accord avec elle : il me semblait primordial de voir les différences, de les faire entendre. Il fallait qu'elles puissent s'exprimer. Comme une forme de libération. Je le pense toujours, plus consciente évidemment des crispations identitaires, qui détruisent l'universel et l'empêchent d'exister.

Différence ne veut pas dire identité. On peut être différent sans pour autant se draper dans une identité. Il ne faut pas perdre le cap de l'universel, c'est la seule voie qui permette de réaliser l'égalité. Les différences sont une richesse mais peuvent devenir, à certains moments, des môles d'affirmation d'identités qui se combattent. À l'inverse, le métissage est une très bonne chose : c'est la rencontre, le mélange. Il n'est pas simple. On le voit, par exemple, dans le cas du cardinal Jean-Marie Lustiger, auquel un téléfilm a été récemment consacré*, déchiré entre son origine juive et sa conversion au catholicisme, réprouvée par son père, sa mère ayant été assassinée à Auschwitz. Pourtant, c'est ainsi qu'ont fonctionné les cultures. À travers l'histoire, il n'y a que du métissage.

L'altérité

Dans mon éducation à l'ancienne, on pensait le tout plutôt que la partie ; les grands idéaux – chrétien, communiste – impliquaient de s'oublier soi-même pour les autres, pour la société. Ce qui n'était pas si mal, après tout. Mais ces dogmes entraînaient aussi un certain nombre de refoulements. Réintroduire la conscience des différences à tous les niveaux est positif. Pour autant, peut-être ne faut-il pas oublier ce sens du collectif et les quelques valeurs universelles sur lesquelles on peut s'entendre.

Le féminisme demande les mêmes droits pour les femmes et les hommes et aspire à l'universel. En son nom, les militantes féministes se sont beaucoup battues en Algérie contre l'obligation faite aux femmes d'être couvertes. Elles l'ont fait à front renversé, parce que d'autres femmes objectaient qu'il s'agissait là du modèle occidental dont elles ne voulaient plus. L'idéal universel n'était pas opérant, il fallait en

* Diffusé sur Arte le 12 août 2022.

passer par une reconnaissance des différences pour pouvoir dialoguer et avancer.

La conscience de l'altérité est une conquête. Comprendre qu'il y a des différences au sein de la société, entre les classes, entre les cultures, entre les individus, avoir une conscience plus grande de la complexité est une richesse. La perspective d'un universel en est-elle pour autant abolie ? Non, mais force est d'admettre qu'elle est compliquée à atteindre. Certaines valeurs sont communes : l'abolition de la peine de mort (loin d'être partagée par tous), celle de l'esclavage… En revanche, sur d'autres valeurs fondamentales, dont l'égalité entre les sexes, des points de vue différents se font jour, selon la culture de chacun. Ils peuvent et doivent s'entendre. Comment ? Voilà le défi à relever.

On demande aux Français d'origine étrangère d'effacer complètement leurs différences. Autrefois, implicitement, on attendait encore davantage. Vous entriez en France, vous étiez naturalisé, vous étiez français et l'école était dite « universelle ». Certains se sont trouvés bien de cette naturalisation, et ont été parmi les plus fervents défenseurs de la République. Mais les temps ont changé. La quête des racines s'est faite plus insistante. La France est beaucoup plus diverse. Et la présence de l'islam pose des problèmes spécifiques, en raison de la radicalité qui le traverse. Le problème n'est pas l'islam, mais l'islamisme.

La question du voile est l'illustration parfaite des divergences entre universalistes et essentialistes. Mais elle repose d'abord sur celle de la laïcité. Peu de pays ont, à l'instar de la France, adopté la laïcité comme principe constitutionnel. Aux États-Unis, le président jure sur la Bible et Dieu est très présent dans le discours politique. En France, c'est impensable, la République s'est construite sur la laïcité, c'est un principe fondamental qui tient à son histoire, dans laquelle le féminisme français s'inscrit. Dans le contexte politique français, le refus du voile par certaines féministes peut se comprendre.

La laïcité, c'est la séparation de l'Église et de l'État, et la liberté absolue des croyances. La croyance relève de choix personnels. C'est d'autant plus fondamental que le poids des religions au cours du temps, dans tous les pays et en France en particulier, demeure très important comme instance de pouvoir. La laïcité implique que ces croyances ne doivent pas troubler l'ordre public, ni devenir des armes d'intolérance.

Au tournant du XXe siècle, avant le vote de la loi de séparation de l'Église et de l'État, en 1905, les débats ont été d'une violence inimaginable à présent que la laïcité a fait son œuvre. Cinq générations au moins ont été élevées dans la laïcité. La majorité des Français, aujourd'hui, ne se réclament d'aucune religion et sont complètement laïcisés. À l'époque, il fallait choisir son camp, se dire croyant ou non croyant. La IIIe République, conservatrice au départ, se définit progressivement comme laïque. Cela ne signifie pas qu'elle était anticléricale. La laïcité est un concept et un système qui impliquent la tolérance.

Au début du XXe siècle, les féministes étaient plutôt favorables à la séparation de l'Église et de l'État ; elles ont appuyé la loi de 1905. Elles comptaient un certain nombre de protestantes et de juives dans leurs rangs. Les protestants soutenaient la République, modèle politique dans lequel ils se reconnaissent. Cette position républicaine fondamentale, on la retrouve dans les luttes contemporaines contre le voile et dans le rejet qu'il suscite chez de nombreuses féministes. La loi de 2004 interdit le port du voile à l'école : pour la majorité des féministes, il s'agit de respecter ce principe.

En ce qui concerne le voile, il faut réfléchir aux pratiques culturelles des régions où se sont implantées les religions. Dans le monde rural méditerranéen, les femmes se couvraient la tête et nul ne s'en inquiétait. C'est le christianisme qui a vraiment inventé le voile, il ne faut pas l'oublier. Saint Paul, dans l'Épître aux Corinthiens, dit que les femmes doivent avoir la tête voilée et se taire dans les assemblées. Les cheveux sont censés être la partie du corps féminin la plus érotique, alors il faut les cacher. Le christianisme a peur de la chair, il a peur des femmes, qui représentent le péché. Jusqu'à récemment, les religieuses étaient toutes voilées et les femmes devaient se couvrir la tête pour entrer dans une église. Il y a dans le discours sur le voile et dans l'imposition du voile une forme de domination masculine que l'Église incarne parfaitement. Il est assez logique qu'en tant que féministe on rejette le voile, signe d'une subordination que l'on récuse. J'étais en faveur de la loi de 2004 contre les signes religieux à l'école et je le suis toujours. Mais pas au-delà.

Aux États-Unis, en revanche, la plupart des féministes ne voient dans le voile rien d'autre qu'un vêtement. Certaines de mes amies américaines se sont étonnées que je prenne position : Natalie Zemon Davis et Joan Scott trouvaient que la loi française de 2004 était excessive et ne prenait pas en compte la diversité culturelle. Nous avons eu une divergence sur ce point qui n'a jamais été comblée.

De manière générale, les féministes du monde arabe, égyptiennes ou algériennes, par exemple, ont combattu le voile. Ainsi Wassyla Tamzali qui, à l'instar de beaucoup d'autres, s'est engagée dans la lutte pour l'indépendance algérienne à l'âge de dix-sept ans. Elle affirme qu'il faut se battre contre le voile, qui est une forme de réduction, de domination des femmes. Lorsqu'elle est venue en France, elle a été critiquée par des féministes qui défendaient le port du voile au nom de la diversité culturelle et déclaraient que les femmes étaient libres de leurs choix. Elle en a été révoltée[5].

Va-t-on demander aux femmes du Maghreb ou d'Afrique subsaharienne d'enlever leur voile ? Est-ce vraiment une affaire que d'avoir un bout de tissu sur la tête ? Il y a une tension entre la réprobation universelle du voile comme signe de domination masculine et la compréhension culturelle de nos sœurs musulmanes qui se présentent à nous avec leur manière de s'habiller. Il n'est pas surprenant que, sur ce point, les féministes se divisent.

Rokhaya Diallo[6] et certaines féministes défendent l'idée du voile au nom du slogan des années 1970 « Mon corps m'appartient ». L'argument se tient, mais à l'école il faut faire la différence entre les élèves mineures et les étudiantes. L'enfant est dans la position d'être dominé. Qu'à l'école française, laïque, personne ne porte de signes religieux relève de l'apprentissage de la laïcité. À l'école primaire et secondaire, les enfants s'habillent comme leur famille le décide. L'idée de la loi est que les petites filles, en l'occurrence d'origine musulmane, puissent être comme toutes les autres, sans qu'aucun signe religieux les distingue. À l'université, en revanche, il n'a jamais été question de demander aux étudiantes adultes de ne pas porter le voile. Liberté donc à l'université de porter tout signe religieux, et liberté dans l'espace public, dans la rue.

Le voile manifeste une forme de domination sur le corps féminin. Il me semble que la liberté des femmes serait de le retirer. Mais après tout, si certaines se sentent mieux ainsi, c'est une différence culturelle, et aussi une différence de générations. Une femme complètement voilée, cela me choque et je ne peux m'empêcher de penser qu'elle y adhère parce qu'on l'y a contrainte. Mais l'adhésion à une croyance est complexe. Et ce n'est pas à moi de lui enlever son voile, je souhaite qu'elle le retire elle-même.

Au moment de l'adoption de la loi de 2004, le mouvement Ni putes ni soumises s'était engagé fortement contre le port du voile. Les militantes de ce mouvement étaient plus offensives qu'aujourd'hui. Certaines féministes pensent que la position de Ni putes ni soumises était une position néocoloniale. J'y ai plutôt vu une volonté de libération des femmes. La liberté individuelle, c'est la liberté de choix, dans tous les domaines. Reste qu'un individu vit dans une collectivité. Nous sommes des êtres sociaux et donc déterminés. Nos choix sont traversés par les déterminismes sociaux et religieux : à un moment donné, l'individu n'est pas séparable du groupe. Alors si en France chacun doit choisir, il ne faut se faire aucune illusion, ce choix n'est jamais complètement libre. La liberté, c'est se débarrasser des déterminismes qui nous dominent. Mais on peut s'affranchir d'un déterminisme pour se mettre sous la coupe d'un autre. On peut se croire libre et ne pas l'être...

La question de la soumission reste entière. Se soumettre, c'est accepter d'être dominé. Il peut y avoir à cela diverses raisons : la contrainte, l'acceptation, le consentement. Pourquoi une fille se voile-t-elle ? C'est à elle qu'il faut le demander, tout en sachant que sa réponse sera également déterminée. Aucun d'entre nous ne connaît vraiment le pourquoi de ses actes. Les femmes qui acceptent le voile se plient à une soumission qui leur est imposée, qu'elles en soient conscientes ou non. Mais la plupart du temps elles ne se ressentent pas comme victimes, voire se considèrent comme actrices. Dans la France d'aujourd'hui, la séparation de l'Église et de l'État, la laïcité, la tolérance, les autorisent à se voiler.

Les sociétés anglo-saxonnes en général sont plus multiculturelles. En France, l'idée que le modèle républicain est universel est plus répandue, abusivement peut-être. Pourtant, il y a dans notre pays des régions, des cultures différentes. Selon les classes sociales, on ne s'habille pas de la même façon, on ne vit pas de la même façon avec ses cheveux, avec son corps. Dans les années 1930, certaines jeunes citadines avaient envie de retirer leur chapeau, de porter les cheveux courts et des jupes moins longues, d'affranchir leur corps. À la campagne, cette émancipation choquait. Dans l'histoire, des comportements se proclament à tort ou à raison plus modernes que d'autres et finissent par s'imposer à l'ensemble de la société. C'est peut-être ce qui va se produire pour les filles voilées d'aujourd'hui. La société française n'a pas fini d'évoluer. Comment savoir quels nouveaux modèles vont naître ? Je pense que les femmes vont progressivement refuser un certain nombre de comportements, liés notamment à la religion, parce qu'ils aliènent leur liberté.

Pour Caroline Fourest[7], le combat féministe est indissociable du combat pour la laïcité. Le féminisme français est en effet très marqué par cette dimension. Il existe néanmoins un féminisme chrétien, dans lequel les femmes se battent pour la liberté et l'égalité tout en revendiquant une spécificité chrétienne. Il existe aussi un féminisme musulman : en Égypte, en particulier, des féministes se sont battues et se battent pour l'égalité et la liberté. Elles n'ont pas encore osé retirer leur voile : cela les aurait coupées de la majorité des femmes. D'ailleurs, peut-être n'en avaient-elles pas envie. Il faut admettre la différence ; et il faut savoir laisser du temps. Le temps, la discussion, la persuasion et la réflexion font avancer les choses, mais pas la brutalité.

Les femmes qui portent le voile appartiennent souvent aux couches sociales les plus modestes, et l'hostilité des opposants les touche tout particulièrement. Qu'une mère de famille voilée accompagne ses enfants lors d'une sortie scolaire, je ne vois pas le problème. La laïcité républicaine ne cherche pas à imposer un modèle unique : elle ménage un espace commun relativement neutre.

Il faut néanmoins être conscient du poids des cultures, de leur tissu, de la manière dont les femmes vivent. Une femme musulmane va se battre avec ses propres armes. Ce n'est pas à moi de dispenser le label « féministe ». Essayons de reconnaître l'autre, de le reconnaître dans toutes ses dimensions, avec ses différences. Et la différence est toujours douloureuse car, d'une certaine manière, elle nous conteste, elle nous remet en question. On a spontanément tendance à vouloir assimiler l'autre, à souhaiter qu'il soit comme nous. Cette voie, qui paraît douce, peut être violente et totalitaire. Accepter quelqu'un avec une autre histoire, avec son histoire, est compliqué.

Être *woke* signifie rester éveillé contre les injustices, le racisme, les discriminations. Le terme a d'abord été utilisé par Martin Luther King dans les années 1960. C'est la chanteuse Erykah Badu qui a remis au goût du jour, en 2008, cette expression « *I stay woke* ». En 2012, elle a twitté son soutien au groupe féministe russe les Pussy Riots, dont les membres avaient été condamnées à des peines de prison parce qu'elles avaient caricaturé les religions dans leurs chansons. Le sentiment d'inégalité au sein de l'espace public est évidemment une cause de révolte, avec une répression sélective de la part de la police dans une forme d'impunité. Rester éveillé, c'est être conscient des injustices subies par des minorités ethniques, sexuelles, religieuses, dans tous les domaines. Et les femmes ont toujours été considérées comme une minorité, une catégorie hors du pouvoir et de la législation notamment, qui subit les mœurs plus qu'elle ne les régit, en quelque sorte.

Plus récemment, Tucker Carlson, un animateur de la chaîne de télévision américaine conservatrice Fox News, a opéré un glissement sémantique du terme. Cette vision négative a été récupérée par les néoconservateurs français. Il ne faut pas s'arrêter à cette instrumentalisation politique du terme, mais plutôt préserver son sens d'origine. Rester éveillées est essentiel pour les femmes. Et il me semble que les féministes participent à l'éveil général, qu'elles font partie intégrante de l'esprit *woke*. Rester éveillé est une injonction constitutive du combat des femmes. La situation des femmes, si longtemps traitées comme minorité, les rend sensibles à celle des autres minorités, à l'esclavage, à la peine de mort. Les féministes américaines comme françaises ont été abolitionnistes, et sont généralement ouvertes aux questions écologiques et animales.

La culture *woke* est considérée par certains comme un totalitarisme. En janvier 2022, Jean-Michel Blanquer, alors ministre de l'Éducation nationale, a inauguré à la Sorbonne un colloque intitulé « Après la déconstruction : reconstruire les sciences et la culture ». Il y a déclaré que le « wokisme » serait une vague déstabilisatrice pour la civilisation et une remise en cause de l'humanisme. Cela m'a rappelé des propos entendus en 1968, alors que les universités bruissaient d'une contestation généralisée de l'autorité et du savoir, et que l'on réclamait une université critique. On secouait le pouvoir gaulliste, même si on pouvait avoir de l'admiration pour de Gaulle. On remettait en question un ordre moral, un ordre des institutions et de la langue. Cela a provoqué une réaction de stupeur dans la société et des scissions à l'intérieur de l'université qui s'est réorganisée, les conservateurs allant d'un côté, les progressistes de l'autre. Avec intelligence, le pouvoir de l'époque a su tolérer ces scissions qui expliquent la vie universitaire depuis un demi-siècle. À l'inverse, à l'heure actuelle, on ressent une volonté d'effacer ce mouvement. Il me semble que ceux qui dénoncent le « wokisme » voudraient empêcher que d'autres, qui ne partagent pas leur point de vue, puissent s'exprimer à l'intérieur de l'université. Il y a là une contradiction. Autant le débat d'idées me paraît important, autant je me méfie d'une société de dénonciation.

Je me défie toutefois de la notion de *cancel culture* qui signifie effacement, retrait, suppression : ce n'est pas une attitude d'historien. Effacer un portrait sur une photo, rayer quelque chose, c'est très stalinien. L'université doit ouvrir ses portes et ne pas refuser un principe, un enseignement, une notion ; elle est là pour enseigner la complexité, le colonial comme le décolonial… On peut prendre ses distances par rapport à la *cancel culture* dans la mesure où le geste de l'effacement, en tout cas pour moi, historienne, n'est pas un geste utile, il peut même être dangereux. Il faut prendre en compte ce qui a existé, l'étudier, éventuellement le critiquer. Cela étant, je comprends que dans certains cas on ait envie d'effacer un nom de rue, par exemple, ou de voir disparaître la statue de quelqu'un qui vous a opprimé. En Algérie, il est tout à fait logique que les Algériens n'aient aucune envie d'avoir une avenue Bugeaud !

Aujourd'hui, on abat des monuments, des statues. Laure Murat[8] souligne à juste titre qu'il y a des précédents. L'iconoclasme, ou destruction des images, existe depuis l'Antiquité. L'histoire a connu des mouvements violents de destruction des images, souvent religieuses. Dans certaines villes comme Nantes, ou en Angleterre, on s'aperçoit que telle statue représente un grand négociant, trafiquant d'esclaves. Sachant ce que l'esclavage a pu signifier, beaucoup souhaitent déboulonner cette statue et c'est normal. En revanche, en tant qu'historienne, je pense qu'il est important de ne pas oublier cet homme et son nom : fût-ce négativement, il a été un acteur de l'histoire. Il faut sans doute approfondir le rôle qu'il a joué et le sens qu'il a pu y avoir jadis à lui ériger une statue. Historiciser, c'est faire une analyse critique des choses. Or, si l'on efface, on ne voit plus les nœuds des problèmes et on ne peut plus les critiquer.

Intersectionnalité

C'est à Kimberlé Crenshaw[9], une juriste américaine, que nous devons la notion d'intersectionnalité. Le concept a vu le jour dans les années 1980 à l'université, lieu en principe plutôt égalitaire et progressiste. En observant une université qui s'était beaucoup battue pour l'égalité des Noirs, elle a constaté que c'étaient toujours des hommes blancs qui y détenaient les postes importants. Cela lui a permis de mettre au jour une double différence : de race et de genre.

Pour un historien, la démarche intersectionnelle est évidente, car il cherche toujours à croiser plusieurs éléments. Aussi je m'étonne de voir les rejets que cette notion suscite. Dès que nous avons commencé à nous occuper de l'histoire des femmes, il nous a paru clair qu'être bourgeoise, ouvrière, paysanne, française ou chinoise n'était pas la même chose. Par conséquent, nous avons eu très tôt l'idée de croiser le genre avec les questions sociales, les milieux sociaux ou géographiques. Au moment où émerge l'histoire des femmes, dans les années 1970, les historiennes et les historiens qui se mettent à travailler sur le sujet viennent en grande partie de l'histoire sociale, et considèrent donc cet aspect comme déterminant, mais pas suffisant. Nous croisions le social avec le genre et pratiquions l'intersectionnalité à notre manière, sans la nommer, l'idée étant que les situations sont complexes, qu'on ne peut pas les réduire à un seul facteur. Ce qui nous frappait, c'était justement que la notion de genre n'était pas prise en compte et qu'il était très important de l'introduire dans les travaux historiques. Mais nous n'oubliions pas pour autant l'importance de la détermination socio-économique.

Aujourd'hui, il ne s'agit plus seulement du registre social mais davantage du registre ethnique. Il n'est pas indifférent de voir que celles qui emploient l'expression « femme racisée » sont souvent des femmes originaires d'Afrique noire ou du Maghreb. Elles expriment l'idée que le combat féministe ne les a pas prises en compte. Et elles ont raison : non seulement nous ne les avons pas prises en compte, mais nous ne les avons pas vraiment *vues*. Quand nous avons commencé d'écrire l'histoire des femmes au milieu des années 1970, nous ne nous posions pas tellement cette question. Il y avait dans notre groupe peu de femmes africaines, quelques-unes originaires du Maghreb, mais la plupart d'entre elles s'inscrivaient dans le modèle universaliste. Aujourd'hui elles sont plus nombreuses, s'expriment davantage et font entendre leur spécificité. En tant que femme occidentale, européenne, je dois entendre cette parole et l'intégrer comme une réalité, mais il appartient à ces femmes de formuler ce qu'elles ressentent. Devant l'expression de l'intersectionnalité, la première attitude à avoir est d'écouter : savoir ce que veut dire une autre parole, ce que veut dire un mot. Pourquoi emploie-t-on un mot nouveau ? Pourquoi estime-t-on que l'on n'était pas pris en compte dans telle forme d'expression et d'histoire ? L'histoire ne doit pas être une idéologie, elle essaie de comprendre les idéologies, les mots et les faits dans leur complexité. La rapidité des évolutions, de l'apparition des mots et des concepts rend cette compréhension de plus en plus difficile.

L'intersectionnalité, c'est réfléchir à toutes les formes de domination. Si j'étais une ouvrière, par exemple, j'imagine ce que pourraient être mes oppressions : mon mari, mon compagnon, qui n'a pas oublié qu'il est un homme et peut-être surenchérit sur les valeurs viriles parce qu'il est lui-même dominé ; ma hiérarchie, avec des chefs et des contremaîtres qui me considèrent éventuellement comme objet de désir. Je peux être l'objet de toutes ces oppressions et peut-être de quelques autres encore.

La démarche intersectionnelle est dans une certaine mesure l'expression du *melting-pot* américain, cette diversité bien différente de la nôtre. En France, le modèle assimilationniste tend à dissimuler en partie notre diversité sociale. Les étrangers qui arrivent en France sont naturalisés : dans les faits, on refoule les différences. La nation américaine s'est construite sur le conflit entre Blancs, Noirs et Indiens ; en France, notre vécu est différent : les Africains étaient exploités en Afrique, nous ne les voyions pas. Ils étaient peu nombreux sur le sol français. Dans les années 1930, il y avait des Noirs dans les milieux intellectuels, mais peu à l'université, et pas de femmes.

Refuser les mots « décolonial », « *woke* », « *cancel culture* », « intersectionnalité », dénoncer d'emblée leur caractère pervers, c'est refuser le débat, refuser qu'il ait lieu, refuser les mots pour disqualifier la discussion elle-même. Ce n'est ni une attitude historique, ni une attitude scientifique. Je ne suis pas totalement à l'aise avec ce vocabulaire qui n'est pas celui de ma génération mais j'ai envie d'en savoir plus sur ces concepts. Il faut les prendre au sérieux, les étudier historiquement, voir comment un mot est né, pourquoi, et quels sont les emplois successifs qui en sont faits.

#MeToo, du singulier au collectif

Dès 2006, à New York, Tarana Burke a lancé un mouvement de soutien aux victimes d'agressions sexuelles dans les milieux défavorisés de Harlem, #MeToo. Le mouvement ne touchait que des anonymes et ne s'est pas vraiment développé. En 2017, quand Alyssa Milano demande aux femmes qui ont été victimes d'agressions ou de viols de lui écrire, elle ne s'attend pas à cette lame de fond. Une sorte de solidarité internationale se crée, un réseau mondial qui se diffuse de manière virale, à toute vitesse.

Une brèche, on ne sait jamais ce qui va s'y engouffrer. Là, c'est une vague qui ne cesse de grossir. Par millions, des femmes qui jusque-là n'osaient pas parler, pensaient que c'était impossible, indicible, s'exprimaient enfin. Jusque-là, on admettait l'idée que toute femme subissait des formes de harcèlement, qu'il n'y avait qu'à les éviter et se défendre, et, si cela vous arrivait, minimiser, ne pas en parler. La règle, c'était un silence plus ou moins maîtrisé, une attitude de refoulement typique. Alyssa Milano s'est faite porte-parole avec cette formule magnifique : « *Me too.* » Il y a « moi », l'individu qui a été harcelé – ce statut d'individu que les femmes ont eu tellement de difficulté à obtenir. Et puis il y a « aussi », c'est-à-dire les autres, avec lesquelles je partage cette réalité. Je ne suis pas toute seule. Individualité/singularité et communauté/collectivité sont reliées. Révolution ou pas, #MeToo est un événement majeur qui s'inscrit dans un mouvement de plus longue durée.

Avec #MeToo, on passe d'un fait concernant un individu à un phénomène systémique, on donne une dimension collective à ce qui était purement indivi-duel, on le resitue dans un ensemble, dans une soro-rité : mon histoire n'est pas seulement la mienne, c'est celle de beaucoup d'autres femmes. Et ce n'est pas seulement Pierre, Jacques ou Jean qui m'a harcelée : ces hommes sont pris dans un système qui soumet le corps des femmes à la domination des hommes.

Le retentissement du mouvement va de pair avec la présence de personnes connues, un mécanisme clas-sique qui rappelle le « Manifeste des 343 salopes » paru dans *Le Nouvel Observateur* en 1971. La péti-tion de ces femmes qui disaient s'être fait avorter était notamment signée par des figures publiques comme Delphine Seyrig, Catherine Deneuve, Simone de Beauvoir, Gisèle Halimi… et cela lui a donné un puissant impact. Avec #MeToo, on change d'échelle.

L'originalité de #MeToo, la massification du mou-vement, tient aux réseaux sociaux, grâce auxquels quelques dizaines de voix sont devenues des mil-lions, dans le monde entier. Les femmes se sont approprié ce moyen de communication et ont su le maîtriser. C'est sans doute l'expression d'une plus grande égalité : il n'est pas certain qu'il y a cent ou deux cents ans, les femmes auraient été en position de s'approprier la presse, par exemple. Les femmes journalistes sont très peu nombreuses au XIXe siècle, elles n'apparaissent plus massivement qu'après 1870. À l'époque, les outils de pouvoir et de communication leur échappaient, elles n'y avaient pas accès et elles ne les dirigeaient pas. Les femmes n'ont jamais cessé de vouloir s'approprier les moyens de communication – l'écriture, la machine à écrire, les journaux, le cinéma. Mais s'introduire dans chacun de ces domaines ne se faisait qu'au prix de bien des efforts. De ce point de vue, #MeToo représente une grande nouveauté. Comme le fait remarquer l'anthropologue Véronique Nahoum-Grappe[1], les femmes ont utilisé des moyens de communication modernes pour défendre leur cause contre leurs agresseurs.

Alyssa Milano n'a pas oublié que Tarana Burke était à l'origine de #MeToo et elle l'a invitée afin qu'elles puissent dialoguer. Une alliance entre femmes s'est créée, comme dans les années 1970 avec les luttes pour le droit à l'avortement. Si le mouvement des années 1970 a eu un tel retentissement, c'est parce qu'il concernait non seulement les catégories privilégiées, mais au premier chef les femmes des classes populaires, lesquelles étaient le plus en danger en cas de grossesse non désirée. Les femmes des classes aisées pouvaient se rendre dans des pays à la législation plus avancée. Le procès de Bobigny a secoué tous les milieux sociaux. Grâce à Gisèle Halimi, il a débordé et fait sortir du silence des femmes issues de catégories sociales jusque-là invisibles et muettes. #MeToo, c'est identique : on passe d'un milieu privilégié à un milieu beaucoup plus populaire, car il s'agit de la même forme de domination. Le genre prend alors une réalité concrète, partagée.

Avec #MeToo, on est passé de l'espace privé – couloir, chambre, salle de bains – à l'espace public, parce que les femmes ont parlé et que, contrairement à autrefois, on les a écoutées. Alyssa Milano ne s'est pas arrêtée à #MeToo. Elle est allée porter la parole au Sénat américain. Et c'est cela le plus frappant dans ce mouvement : l'écoute, plus encore que la parole. La parole a cette fois été entendue.

Intolérable

Les seuils de tolérance ont changé. Pourquoi ce qui a été accepté pendant des décennies, voire des siècles ou des millénaires, devient inacceptable ? C'est une question historique majeure, difficile à saisir par ce qu'elle dit des changements de représentations, de sensibilité, de conscience démocratique.

#MeToo est un événement à analyser dans la durée : il faut le dater, voir qui parle, estimer sa singularité. Mais il faut aussi le replacer dans la trame du temps. On oublie toujours que les femmes ont une histoire longue, parce qu'on ne la raconte pas. Une société n'est pas une chose purement éphémère, elle est faite de structures de relativement longue durée, d'un enchaînement de faits, de situations qui concernent les générations précédentes et constituent cette trame essentielle du temps. #MeToo a fait bouger les lignes dans le domaine du corps, dans celui de l'intime, instance de plus en plus scrutée[2].

Le mouvement des femmes pour s'approprier leur corps et leur sexualité n'est toutefois pas récent. Ce sont sans doute elles qui ont inventé le mariage d'amour. Acculées à l'obligation du mariage, elles préféraient épouser quelqu'un qu'elles aimaient ou au moins qu'elles appréciaient. Leurs refus et leurs choix s'affirment de plus en plus aux XVIIIe et XIXe siècles, menaçant l'autorité du père de famille. Dans la revendication du droit à l'avortement des années 1970, il ne s'agissait pas de l'intimité du corps, mais du droit de procréer, qui implique si profondément le corps. Avec #MeToo, il ne s'agit plus de procréation, mais de sexualité, de harcèlement sexuel, de séduction, de gestes plus ou moins déplacés, de la caresse intempestive au baiser volé, à la pénétration et au viol. Et ce sont les femmes qui mettent désormais les limites, imposent des frontières. Il s'agit d'un droit à la personne, qui est le propre de tout individu.

La question du choix consenti reste au cœur des revendications. La devise des femmes dans les années 1970 était : « Un enfant si je veux, quand je veux, comme je veux. » Aujourd'hui, c'est : l'amour, la sexualité, si je veux, quand je veux, comme je veux. Cette exigence s'applique à tous les espaces sociaux – le cinéma, mais aussi l'entreprise ou la vie politique. Jusque-là, si on voulait progresser dans certains métiers il fallait,

pensait-on, accepter certaines règles tacites, « coucher »
à un moment quelconque. Mais comme l'a bien montré
l'anthropologue Nicole-Claude Mathieu[3], accepter n'est
pas consentir, céder signifie : je suis contrainte d'accepter. Si je veux faire avancer ma carrière, je dois en passer par là. Mais mon moi intime, ce qui me structure, le
refuse. Dans un pays occupé, on est obligé d'accepter la
loi de l'occupant, du vainqueur, mais cela ne veut pas
dire que l'on y consent. On n'a qu'une hâte, c'est que
cela se termine, et on va éventuellement agir à cet effet.
Je dois accepter parce qu'il est le maître, il détient les
clés du pouvoir. Mais je lui résiste, ne serait-ce que par
le silence – « le silence de la mer[4] ».

En 2016, dans l'une des chaînes de télévision les
plus conservatrices des États-Unis, Fox News, des
femmes se sont révoltées contre le harcèlement sexuel
dont elles faisaient l'objet. On aurait pu s'attendre à
ce qu'il y ait blocage et qu'elles ne puissent pas s'exprimer. Cela prouve qu'une frontière a été franchie.
Leur combat a préfiguré ce qu'allait être #MeToo.

Et cela vaut également pour la vie privée, parce que
l'on peut aussi être harcelée par son conjoint. L'intimité, c'est le secret de deux êtres, de deux corps, de
deux volontés, qui requiert le consentement des deux.
Si un homme harcèle sa femme, ne tient pas compte de
sa volonté explicite, c'est une forme de viol. #MeToo
l'affirme clairement : ce qui a pu être toléré à certains
moments ne l'est plus. Laure Murat[5] dit très bien que
l'affaire Weinstein et la protestation de #MeToo ont
fait apparaître au grand jour ce que les femmes savaient
depuis très longtemps, et depuis leur plus jeune âge.

Petite fille, ayant vécu une enfance très protégée, j'avais compris qu'il fallait faire attention aux hommes. On n'avait pas eu besoin de m'expliquer grand-chose. Pendant mes étés passés dans le Poitou, j'avais appris qu'il fallait rester sur ses gardes, faire attention au vieux fermier qui regarde la petite fille qui grandit et qui lui dit : « Tu viens me voir ? » Je savais que dans le métro, où on était quasiment les uns sur les autres, il fallait faire attention aux frôlements, aux rapprochements intempestifs et parfois sournois. Mais il ne fallait pas dénoncer : on se défendait, avec une certaine solidarité entre filles, et puis on n'en parlait pas... Cette forme de relative soumission, les femmes actuelles n'en veulent plus. Les jeunes femmes vont beaucoup plus loin que celles de ma génération. J'ai été très frappée par les livres de Christine Angot[6] et, plus récemment, par ceux de Vanessa Springora et de Camille Kouchner[7].

Autrefois, on pensait que les violences conjugales ne se produisaient que dans les milieux populaires. Le mari boit, bat sa femme. Si elle ne crie pas trop fort, on laisse faire, c'est presque normal. Et l'on pensait que dans les classes cultivées, aisées, les faits de ce genre n'existaient pas. Mais des femmes battues, harcelées, violentées, violées, il y en a toujours eu dans tous les milieux, il n'y avait pas que les domestiques qui autrefois se faisaient trousser par le patron et faire un enfant. On est passé d'une dimension catégorielle à une dimension universelle. Cela ne signifie évidemment pas que tous les hommes sont des violeurs en puissance !

La nouveauté, avec #MeToo, c'est que la justice a partiellement suivi. Du moins dans une certaine mesure, car les taux de poursuite et de condamnation demeurent faibles. Naguère, les magistrats mettaient les dossiers de côté, maintenant ils ont pour consigne d'être attentifs à ces sujets. Porter plainte est toujours difficile et aléatoire.

Il ne faut pas oublier que la situation n'est pas la même selon le milieu social auquel on appartient. Jusqu'à récemment, une inconnue et une star de cinéma n'étaient pas écoutées de la même manière, une stagiaire ou une femme de chambre n'étaient pas prises au sérieux. Se pensant intouchables, beaucoup trop d'hommes puissants avaient pris l'habitude d'agir en prédateurs.

Dénoncer Weinstein revenait à ouvrir une autre voie dans les structures. Peut-on aller plus loin ? Après la plainte, le jugement et la condamnation, que fait-on ? Y a-t-il des mesures légales à prendre pour prévenir ou pour punir davantage ? Au risque de contribuer à l'accroissement des contrôles, à l'État policier qu'on dénonçait en 1968 ? Le féminisme doit être l'allié de la liberté.

Dans les années 1970, l'exigence de liberté individuelle était à ce point dominante qu'on n'était pas conscients de ses dérives. L'histoire de Vanessa Springora l'illustre parfaitement : la mère trouvait plutôt bien que sa fille, mineure, soit « protégée » par un homme aussi éminent que Gabriel Matzneff, lequel pouvait se vanter, sur le plateau de l'émission « Apostrophes », en 1990, d'être un conquérant, « un séducteur de jeunes filles », selon Bernard Pivot. Les seuls à protester furent alors Denise Bombardier, une journaliste canadienne, et un médecin, Christian Lehmann. À ce moment-là, on réfléchissait peu au problème de la domination. Il y avait une telle peur d'être considéré comme un puritain, un empêcheur ou une empêcheuse de danser en rond, qu'on préférait se taire.

Prendre la parole, parler en public, pouvoir dénoncer, dire la souffrance qu'on a éprouvée : dans les affaires de viol, on s'étonne toujours qu'une femme porte plainte de nombreuses années après. Or ce n'est pas surprenant : ce qui est indicible est refoulé. En parler, c'est rendre public quelque chose dont on a honte, dont on souffre et dont on va souffrir encore. Beaucoup de femmes ont enfin pris conscience que ce qu'elles avaient subi isolément, d'autres l'avaient subi aussi. C'est ce qui leur a permis de prendre la parole, de dénoncer.

On a tendance à dire que la parole des femmes n'est pas suffisante ; il faut toujours donner des preuves. Chaque fois, la question se pose de la véracité de leur témoignage, parce qu'une femme, pense-t-on, affabule toujours. C'est pourquoi toute femme agressée hésite à porter plainte. Quand elle ose enfin, au bout de plusieurs années, il est trop tard. D'où le problème de la prescription, même si les choses sont plus faciles aujourd'hui, car on assiste à une relative normalisation de la plainte.

Malgré cela, une femme craint que l'on mette en cause sa parole, elle se sent toujours en situation de faiblesse. Sa fragilité tient aussi au fait que la loi ne peut pas tout. Contre le harcèlement, par exemple, on ne peut pas mettre un gendarme partout. Changer la loi est compliqué, mais changer les représentations, les comportements et les systèmes de valeur des individus est encore plus difficile. Cela suppose une lente éducation, des émotions partagées, un respect mutuel. Un long chemin finalement, peut-être encore plus difficile en France qu'aux États-Unis, comme Laure Murat l'a souligné, en raison de la force des représentations culturelles.

Une menace pour les hommes ?

Je comprends que tout ce qui se passe depuis cinquante ans amène les hommes à réfléchir et, possiblement, à se sentir menacés. Alors que les rôles étaient bien distribués, que tout était clair, ces prises de parole successives constituent un bouleversement. Je conçois cette inquiétude et je pense qu'il faut y être attentif. C'est plus facile aujourd'hui pour un père – pour des parents – d'éduquer une petite fille, à qui l'on ouvre les portes de la liberté : jouer au foot, choisir son métier. Tandis qu'à un petit garçon on dit qu'il ne peut plus accaparer la cour de récré, insulter une fille. D'un côté franchir des limites, de l'autre les affirmer. Dans l'éducation, il s'agit d'une réelle révolution mentale.

Le féminisme est un éveil des femmes à leur situation, à leur conscience d'individu, un éveil personnel et collectif. J'ai du mal à penser que le féminisme soit une censure et je ne le veux en aucun cas. Être féministe signifie lutter contre l'ombre, l'ombre dans laquelle les femmes dans l'histoire étaient ensevelies, et l'ombre sur les problèmes que posent les rapports entre les hommes et les femmes, y compris la sexualité. Je vois le féminisme comme une ouverture, comme la dissipation d'un brouillard.

Il faut reconnaître aussi qu'il peut y avoir, dans le féminisme, un certain moralisme. Les femmes ayant eu à souffrir de harcèlement sexuel ou de viol s'opposent à une forme de sexualité prédatrice. Aux yeux de beaucoup d'hommes, une femme libérée est davantage disponible. À partir des années 1970, les femmes s'exposent, se manifestent davantage : les hommes y voient une occasion d'être plus entreprenants. Le corps libéré est souvent un corps plus exposé. Les femmes se libèrent, raccourcissent leurs jupes, éliminent leurs soutiens-gorge, refusent le voile. Certains hommes prennent très souvent ces comportements comme une permission, une invitation, voire une provocation. Pour cette raison, on dit beaucoup qu'elles censurent, qu'elles sont puritaines, qu'elles refusent l'amour. Mais l'amour suppose le consentement.

Comme l'amour, la relation entre les sexes est toujours à réinventer. Réaffirmons la puissance de l'amour. Mais réinventons-la dans l'égalité et la liberté.

En guise de conclusion
Allegro ma non troppo

Le féminisme a une histoire, imbriquée dans celle des sociétés, qu'il exprime et transforme. Dépourvu de structures partisanes, syndicales ou associatives de longue durée, il s'infiltre dans les brèches du pouvoir, se manifeste par poussées et par vagues plus importantes, à la faveur des révolutions, des commotions, des événements, des changements de toutes sortes. Il est pluriel, et semble intermittent. Mais il est une force profonde, qui pénètre les consciences, conquiert les jeunes générations, s'impose progressivement à tous comme une nouvelle évidence ou en suscitant des résistances, voire des réactions souvent violentes, des retours en arrière toujours possibles. Il se développe selon un mouvement dont le récit historique rend compte et qu'il fait exister dans ses figures singulières, ses avancées et ses reculs, ses découvertes et ses apories. Dire ce mouvement, l'écrire, est essentiel, pour la mémoire, la transmission, et pour la compréhension du monde.

Le féminisme est action et pensée. Action, il proteste contre les multiples formes d'oppression, déchire les voiles du discours, revendique non seulement les droits, mais un statut de sujet de droit, si longtemps refusé aux femmes, reposant sur la loi et la réforme des institutions. Le féminisme est un allié de la démocratie, il la défend, la promeut, la conforte, la complète. Il est aussi une force de proposition pour une autre vie et pour un autre monde. Pensée, il défait les pièges des discours, démonte les stéréotypes, s'interroge sur les silences et les frontières, dissipe les ombres, s'attaque aux fondements d'un système marqué par la constance et l'étendue de la domination masculine. Il a des ancêtres, pour un certain nombre masculins, et, plus récemment, ses théoriciennes. De Simone de Beauvoir à Françoise Héritier ou Judith Butler, sa critique n'a cessé de s'approfondir, dans l'espace et le temps, préhistoire comprise, la plus revisitée*. La différence des sexes est désormais un objet d'études dans toutes les sciences sociales et le nombre de livres, d'articles qui paraissent actuellement est impressionnant, au risque de frôler la mode. Une mode signifiante en tout cas, indice d'une curiosité aiguisée, d'un effort pour étendre et s'approprier le savoir.

Nous vivons un temps fort du féminisme, dont #MeToo est un des épisodes les plus marquants,

---

* Voir, tout récemment, Jean Guillen, *Femmes d'hier dans la préhistoire,* Odile Jacob, 2022. Il incite à déconstruire les stéréotypes, à déchiffrer les images et à ne pas en tirer des conclusions hasardées. « Ce n'est pas parce qu'on représente la Femme qu'elle a du pouvoir », dit Yann Pottin.

sinon une « révolution », et dont il importe de voir les continuités autant que les ruptures. Les avancées des femmes, notamment dans l'espace public, sont importantes et nous les avons évoquées. Ainsi, en France, on prend conscience de la violence contre les femmes dans tous les domaines : familial, conjugal, gynécologique, politique, sportif, au travail, dans la rue, dans les entreprises, les stades, les médias, les églises, les lieux du pouvoir. Incestes, abus sexuels, viols (majoritairement mais pas seulement) au foyer sont, tardivement mais enfin, dénoncés, quoique médiocrement sanctionnés. Confirmée par des statistiques accablantes, illustrée par de tragiques faits divers, la notion de « féminicide » prend corps.

De manière plus positive, les « premières », dont la presse dessine les portraits pionniers, se multiplient, jusqu'au « presque sommet » de l'État : deuxième Première ministre, Élisabeth Borne est accueillie plus sereinement qu'Édith Cresson, trente ans auparavant. La parité a malgré tout normalisé les rapports politiques. Tandis qu'une exposition au musée Carnavalet traite avec éclat des « Parisiennes, citoyennes », les *Sorcières* de Mona Chollet, avec ses figures de « la puissance invaincue des femmes », sont un best-seller et deviennent spectacle. Les romancières et essayistes marquent des points ; leur production est remarquable. Signe des temps, bulle éclatée, venue de loin, Annie Ernaux est la première Française couronnée par le prix Nobel pour une œuvre résolument narratrice de la condition des femmes et traversée par le désir et le souffle de leur libération, sociale, culturelle et sexuelle. Indépendantes et autonomes, animées par une radicalité nourrie par une maturation souterraine, les jeunes féministes ne supportent plus les séductions non consenties, les gestes libidineux, les plaisanteries salaces, les compromis médiocres, les entraves à la liberté. Elles avancent sur tous les fronts, y compris dans les métiers « virils », les secteurs scientifiques qui leur étaient étrangers, les formes de création réputées masculines. Par exemple, elles représentent aujourd'hui un tiers des dessinateurs de BD, contribuant à modifier, avec humour, l'image des femmes.

Un peu partout dans le monde, des femmes se battent pour leur liberté, consubstantielle à celle de tous. En Iran, elles sont au cœur du soulèvement démocratique contre le régime des Mollahs. Elles paient parfois de leur vie leur refus de l'obligation du voile, clairement dénoncé comme instrument de domination. « Le voile n'est pas un accessoire vestimentaire mais un instrument d'oppression des femmes, symbole du contrôle absolu des hommes sur leur corps et sur leur vie », déclare Corinne Narassiguin, secrétaire nationale du Parti socialiste. « Je veux m'habiller comme je veux. Je veux avoir mes propres idées. Je veux vivre sans avoir peur. Le jour où le régime tombera, j'enlèverai mon voile devant ma famille », dit Samira (*Le Monde,* 15 octobre 2022). Le 16 septembre 2022, une jeune Kurde de vingt-deux ans, Mahsa Amini, est tuée à l'issue de sa garde à vue par la police des mœurs pour « un voile mal porté ». C'est le point de départ du soulèvement, marqué par une intense répression, notamment contre les jeunes femmes. Asra Panahi, seize ans, meurt sous les coups des forces de l'ordre, qui poursuivent la jeunesse jusque dans ses lycées. « Mort au dictateur », criaient les lycéennes. En deçà de toute idéologie, ces femmes disent le ras-le-bol d'un quotidien insupportable, le désir de vivre normalement, sans les entraves imposées par un islamisme drapé dans une virilité fantasmée. Pour Chahla Chafiq, en se coupant les cheveux, les Iraniennes ont allumé « les mèches de la révolte ».

Au Soudan, en avril 2019, Alaa Salah, vêtue de blanc, juchée sur le capot d'une voiture, harangue une foule contestataire ; elle devient le symbole de la « révolution », soutenue par des milliers de Soudanaises « déterminées à occuper l'espace public après trente ans de contrôle des corps ». Trois ans plus tard, une autre militante, Sitt Al-Nafour, étudiante de vingt-deux ans, est abattue d'une balle dans la tête tirée par les forces de l'ordre. Depuis, son image est brandie chaque semaine dans les manifestations contre le coup d'État du général Al-Bourhane. Tous les lundis, une quinzaine de femmes, de seize à soixante ans, se réunissent dans un petit local d'Umbada, quartier populaire de Khartoum, pour préparer leur prise de parole dans un espace public qu'elles revendiquent, « mais, dit l'une, personne ne nous entend ». Après des débuts prometteurs du nouveau gouvernement, marqués notamment par l'abolition de l'excision (qui demeure largement pratiquée), l'islamisme reprend les choses en main, s'appuyant sur le code pénal de 1991 particulièrement dur pour les femmes, lapidées en cas d'adultère, si largement toléré pour les hommes. La police s'en prend violemment à celles qui portent tee-shirt ou jean, même sous un voile. Viols et agressions sexuelles se multiplient, au sein même du mouvement révolutionnaire. « Nous combattons deux forces oppressives : le pouvoir tel qu'il est façonné par les militaires, et la communauté qui nous étouffe. Ce sont deux révolutions », déclare la directrice de la SIHA, une association féministe (*Le Monde,* 27 octobre 2022). De nos jours, c'est l'islam radical qui opprime particulièrement les femmes et les met en danger, mais toutes les religions, à un moment donné, les ont opprimées.

En Russie, presque seules, s'appuyant pour certaines sur leur statut de mères en deuil, les féministes se déclarent contre la guerre en Ukraine. En exil, la militante Daria Serenko anime un mouvement de résistance intérieure et extérieure au régime de Vladimir Poutine, « la représentation la plus stupide de la masculinité russe », selon elle (*Le Monde*, 25 octobre 2022). Le mouvement féministe russe n'a cessé de grossir « à mesure que la répression sur la société s'est accrue, notamment depuis la loi dépénalisant les violences domestiques adoptée en 2017, avec le soutien appuyé de l'Église orthodoxe », explique-t-elle. L'association Résistance féministe antiguerre, regroupant quarante-cinq organisations préexistantes auxquelles s'ajoutent des dizaines de milliers d'anonymes dans une soixantaine de villes en Russie, constitue un véritable réseau qui distribue le journal *Genska Pravda, La vérité des femmes*, et multiplie les actions de toutes sortes, notamment autour des transports clandestins de cercueils. Daria Serenko, qui est l'une des créatrices de ce mouvement qu'elle présentait récemment à Paris, estime qu'il lui faudra du temps, au moins trois ans, pour qu'il produise ses effets sur la guerre. Réfugiée en Géorgie, poétesse, enseignante de littérature, elle incarne la critique et l'alternative que le féminisme représente face à une virilité dévoyée en dictature nationaliste, guerrière et meurtrière, selon un processus qu'on retrouve un peu partout.

Incomplètes, inachevées, destinées à s'affirmer, à se poursuivre, les avancées des femmes suscitent la résistance des hommes. La différence des sexes doit être incluse dans la géopolitique contemporaine : Poutine, comme Kadirov en Tchétchénie, ou d'une manière plus civile Orbán en Hongrie et Donald Trump aux États-Unis, constituent des formes de « revanche de l'homme blanc ». Partout et encore, le corps des femmes demeure un enjeu ; en Ukraine, comme naguère en Bosnie, le viol est systématiquement utilisé comme arme de guerre. Le droit à l'avortement est loin d'être acquis. En Amérique latine, le nombre de pays à l'avoir légalisé sans condition est réduit. L'Argentine ne l'a autorisé qu'en 2020 et bien des médecins usent de la clause de conscience pour s'y refuser. Au Brésil, avec l'appui de l'Église évangélique, Bolsonaro s'est fait le champion de la lutte anti-avortement. La catholique Pologne ne l'admet pas. Ce droit est remis en cause par toutes les réactions conservatrices. En juillet 2022, la Cour suprême des États-Unis a annulé l'arrêt Roe *vs* Wade qui le reconnaissait, ce qui a permis à un certain nombre d'États de le supprimer. Le recul se fait parfois sous l'impulsion de femmes, comme on le voit actuellement en Italie, avec Giorgia Meloni, qui se déclare personnellement hostile à l'IVG tout en n'osant pas pour le moment le supprimer, en raison des réserves de l'opinion.

Les femmes ne sont pas toutes nécessairement égalitaires. Il existe un « féminisme de droite » qui revendique pour les femmes l'exercice de la domination sans remettre en cause son fonctionnement et sans interroger ses fondements, surenchérissant même sur la virilité du pouvoir au nom d'une différence des sexes assumée dont il se proclame garant comme d'un ordre naturel. Il n'est pas plus de sexe salvateur que de sauveur suprême.

Le féminisme est soupçonné de favoriser une indifférenciation castratrice, génératrice de tensions et de troubles sexuels, contraire à l'harmonie familiale et à l'équilibre social. C'est un des thèmes favoris des réseaux sociaux, comme le montre Josiane Jouët dans *Numérique, féminisme et société**. Pour Éric Zemmour, le féminisme est l'ennemi des pères. L'éradication de la paternité, la « crise de la masculinité » sont au centre du discours d'extrême droite, notamment en Allemagne, où les réseaux sociaux s'attaquent aux féministes – et aux femmes – avec une violence particulière. Dans les médias, Claudia Neumann,

---

* Presses des Mines, 2022 ; cité dans *Le Monde* du 13 octobre 2022, numéro spécial consacré à #MeToo, cinq ans après.

Margaret Slokowsky et Alice Barbe, qui s'engagent pour la cause des femmes et dénoncent toutes les formes de harcèlement dont elles sont l'objet, sont menacées de mort. Les « célibataires involontaires », ou *incels*, rendent les femmes responsables de leur situation et passent leur temps à les injurier sur les réseaux sociaux, au risque de favoriser le passage à l'acte, comme on l'a vu aux États-Unis et à Toronto, en 2018. Pour les masculinistes, les femmes sont la lie de la terre, il faudrait les tuer, les exécuter, selon *Le Monde* du 13 octobre 2022. Anna von Hondenberg lutte, en Allemagne et au niveau européen, pour instaurer des mesures de contrôle sur les réseaux sociaux. On l'accuse d'attenter à la liberté d'expression, reproche souvent adressé aux féministes prétendument puritaines et liberticides.

Ainsi rien n'est jamais acquis, la vigilance s'impose. Selon l'expression fameuse de Suzana Faludi dans *Backlash. The Undeclared War Against American Women* (1992), un retour en arrière, ou *backlash*, est toujours possible, voire prévisible. Les mutations dans les rapports entre les sexes ont des conséquences sociales et même anthropologiques d'une grande portée, qu'il n'est pas aisé d'apprécier. Il ne faut pas sous-estimer les difficultés des deux sexes. Les femmes doivent souvent payer de solitude leur refus de la subordination ou de la maltraitance. La grande majorité des familles monoparentales sont gérées par des femmes. Et il faut également mesurer le mal-être des hommes, dépossédés de leurs prérogatives, même si nombre d'entre eux se débarrassent avec soulagement du poids obsédant de la virilité. Il faut l'étudier, le prendre en compte, inciter les intéressés à s'en emparer, sans doute plus qu'ils ne le font aujourd'hui. Ce livre, issu d'un dialogue entre un homme et une femme en quête de vérité, tissé de questions plus que de réponses, voudrait modestement y contribuer.

Universel dans sa foisonnante diversité, le féminisme est une manière de révolution dans les rapports entre les sexes, un chemin sinueux, ombreux, obstiné, vers l'égalité, la liberté et l'amour.

NOTES

Essai d'ego-histoire

1. Yves Catonné, *Ernest Labrousse, pionnier de l'histoire économique et sociale*, préface de Michelle Perrot, Odile Jacob (à paraître).

2. Michelle Perrot, *Mélancolie ouvrière*, Grasset, 2012.

3. Joan Scott a été l'une des premières théoriciennes du « genre », *gender*, au milieu des années 1980 (son article « Le genre : une catégorie utile de l'analyse historique » date de 1986).

4. Louise A. Tilly et Joan Scott, *Les Femmes, le travail et la famille*, Payot, « Petite Bibliothèque Payot », 2002.

5. L'exercice consiste à éclairer sa propre histoire comme on ferait l'histoire d'un autre, à essayer d'appliquer à soi-même, chacun dans son style et avec les méthodes qui lui sont chères, le regard froid, englobant, explicatif qu'on a si souvent porté sur d'autres. D'expliciter, en historien, le lien entre l'histoire qu'on a faite et l'histoire qui vous a fait.

6. Edgar Morin, *Introduction à la pensée complexe*, ESF, 1990 ; rééd. Le Seuil, 2005.

Écrire l'histoire des femmes

1. Christiane Klapisch-Zuber, *Mariages à la florentine. Femmes et vie de famille à Florence (XIVe-XVe siècles)*, Éditions de l'EHESS/Gallimard/Le Seuil, coll. « Hautes Études », 2020.

2. Christiane Veauvy et Laura Pisano, *Paroles oubliées. Les femmes et la construction de l'État-nation en France et en Italie. 1789-1860*, préface de Michelle Perrot, Armand Colin, 1997.

3. Michèle Riot-Sarcey, *Histoire du féminisme*, La Découverte, 2015.

4. Voir par exemple Danièle Voldman et Annette Wieviorka, *Tristes grossesses. L'affaire des époux Bac (1953-1956)*, Le Seuil, « Points Histoire », 2020.

5. Michelle Perrot, « Rolande Trempé (1916-2016) », *Clio. Femmes, Genre, Histoire*, n° 44, 2016, p. 273-277.

6. Florence Aubenas, *Le Quai de Ouistreham*, Éditions de l'Olivier, 2010.

7. Pauline Schmitt-Pantel (dir.), *Le Corps des jeunes filles, de l'Antiquité à nos jours*, avec Louise Bruit Zaidman, Gabrielle Houbre et Christiane Klapisch-Zuber, Perrin, 2001.

8. Titiou Lecoq, *Les Grandes Oubliées. Pourquoi l'Histoire a effacé les femmes*, L'Iconoclaste, 2021.

9. Georges Duby, *Le Chevalier, la femme et le prêtre*, Hachette, 1983.

10. Alain Corbin, *Les Filles de noce. Misère sexuelle et prostitution aux XIXe et XXe siècles*, Aubier-Montaigne, 1978.

11. Philippe Ariès, *L'Enfant et la vie familiale sous l'Ancien Régime*, Le Seuil, « Points Histoire », 1960.

12. Yvonne Knibiehler, *Qui gardera les enfants ?*, Calmann-Lévy, 2007.

13. Nicole Pellegrin (dir.), *Écrits féministes : de Christine de Pizan à Simone de Beauvoir*, Flammarion, « Champs », 2021.

14. Claudine Cohen, *La Femme des origines : images de la femme dans la préhistoire occidentale*, Belin/Herscher, 2003.

15. Pascal Picq, *Et l'évolution créa la femme*, Odile Jacob, 2020.

16. Alexandra Lapierre, *Artemisia*, Robert Laffont, 1998.

17. Marie Robert, *Une histoire mondiale des femmes photographes*, sous la direction de Luce Lebart, Textuel, 2020.

18. Caroline Rémy, dite Séverine (1855-1929) : journaliste et écrivaine, c'était aussi une fervente défenseure des droits des femmes. Elle s'est notamment battue pour l'IVG, le divorce et le droit de vote.

19. Lorette Nobécourt, *La Clôture des merveilles, une vie d'Hildegarde de Bingen*, Grasset, 2013. Les écrits d'Hildegarde de Bingen, réunis dans le *Riesencodex*, sont conservés à la bibliothèque régionale de Hesse, à Wiesbaden, en Allemagne.

20. Julie-Victoire Daubié, *La Femme pauvre au dix-neuvième siècle*, 1866 ; rééd. Côté femmes, 1992.

21. Marie-Jeanne Dury : professeure d'université à trente-deux ans, elle entra en 1947, après un passage aux Affaires étrangères, à la Sorbonne. En 1956, elle devint directrice de l'École normale supérieure de jeunes filles de Sèvres. Elle obtint, en 1977, le grand prix de poésie de l'Académie française pour l'ensemble de son œuvre. (Source : Encyclopédie Universalis.)

22. Juliette Rennes, *Le Mérite et la nature, une controverse républicaine : l'accès des femmes aux professions de prestige, 1880-1940*, Fayard, 2007.

23. Victor Margueritte, *La Garçonne*, Flammarion, 1922 ; rééd. Archipoche, 2021.

24. Jean Nicolas, *La Rébellion française. Mouvements populaires et conscience sociale (1661-1789)*, Gallimard, « Folio Histoire », 2008.

25. Olympe de Gouges, *Déclaration des droits de la femme et de la citoyenne*, 1791.

26. Assia Djebar, *Femmes d'Alger dans leur appartement*, Albin Michel, 1980.

27. Leïla Sebbar, *On tue les petites filles : une enquête sur les mauvais traitements, sévices, meurtres, incestes, viols contre les filles mineures de moins de 15 ans, de 1967 à 1977*, Stock, 1978.

Un patriarcat persistant

1. Stella Georgoudi, « Bachofen, le matriarcat et le monde antique. Réflexions sur la création d'un mythe », *in* Pauline Schmitt-Pantel (dir.), *Histoire des femmes en Occident*, t. I, *L'Antiquité,* 1991, p. 477.

2. Laure Adler, *Françoise Héritier. Le goût des autres*, Paris, Albin Michel, 2022.

3. Christine de Pizan (1364-1430) : fille d'un célèbre professeur de médecine et d'astrologie, elle décide de vivre de sa plume. À l'encontre des usages de l'époque, à la mort de son époux elle choisit de ne pas se remarier et d'élever seule ses enfants. (Source : Hérodote.net)

4. William Guéraiche, *Les Femmes et la République. Essai sur la répartition du pouvoir de 1943 à 1979*, préface de Françoise Gaspard, L'Atelier, 1999.

5. Françoise Gaspard, Claude Servan-Schreiber et Anne Le Gall, *Au pouvoir, citoyennes ! Liberté, égalité, parité*, Le Seuil, 1992.

6. Marcel Mauss, *Essai sur le don. Forme et raison de l'échange dans les sociétés archaïques*, 1925 ; rééd. PUF, « Quadrige », 2009.

7. Ivan Jablonka, *Des hommes justes. Du patriarcat aux nouvelles masculinités*, Le Seuil, 2019.

8. Michelle Perrot, « Le code civil, socle du patriarcat », in *Héroïnes romantiques,* Paris Musées, 2022.

9. Annick Tillier, *Les Criminelles au village. Femmes infanticides en Bretagne (1825-1865)*, préface d'Alain Corbin, PUR, 2001.

10. Outre l'indépendance économique des femmes, le droit à l'éducation ou encore l'égalité dans le mariage et le divorce, Hubertine Auclert (1848-1914) milite sur la place publique et dans la presse pour les droits politiques des femmes, qu'elle considère comme la pierre angulaire de tous les autres droits. (Source : Gallica)

11. Vanessa Springora, *Le Consentement*, Grasset, 2020.

12. Manon Garcia, *On ne naît pas soumise, on le devient*, Flammarion, 2018.

13. Alain Corbin, Jean-Jacques Courtine et Georges Vigarello (dir.), *Histoire de la virilité*, t. II, *Le Triomphe de la virilité. Le XIXe siècle*, Le Seuil, 2011.

14. Norbert Elias, *La Civilisation des mœurs*, 1939 ; rééd. Calmann-Lévy, 1991.

15. Stéphane Audoin-Rouzeau, *L'Enfant de l'ennemi, 1914-1918. Viol, avortement, infanticide pendant la Grande Guerre*, Aubier, 2009.

16. Bibia Pavard, Florence Rochefort et Michelle Zancarini-Fournel, *Ne nous libérez pas, on s'en charge. Une histoire du féminisme de 1789 à nos jours*, La Découverte, 2020.

17. Gloria Steinem, *Ma vie sur la route. Mémoires d'une icône féministe*, Harper Collins, 2020.

Brève histoire du féminisme

1. Florence Rochefort et Laurence Klejman, *L'Égalité en marche. Le féminisme sous la Troisième République*, Presses de Sciences-Po, « Des femmes », 1989 ; Christine Bard, *Les Filles de Marianne. Histoire des féminismes, 1914-1940*, Fayard, 1996 ; Sylvie Chaperon, *Les Années Beauvoir, 1945-2000*, Fayard, 2000.

2. Laure Adler, *À l'aube du féminisme : les premières journalistes*, Payot, 1979.

3. Alban Jacquemart, *Les Hommes dans les mouvements féministes. Socio-histoire d'un engagement improbable*, PUR, 2015. Voir aussi son article « Hommes féministes », du *Dictionnaire des féministes*, dirigé par Christine Bard et Sylvie Chaperon, PUF, 2017.

4. Louise Weiss (1893-1983) : journaliste, femme de lettres, féministe et femme politique. Elle a publié, entre autres, *Ce que femme veut. Souvenirs de la IIIe République*, Gallimard, 1946.

5. Maria Vérone (1874-1938), libre-penseuse et féministe.

6. Joan Scott, *La Citoyenne paradoxale. Les féministes françaises et les droits de l'Homme,* Albin Michel, 1998.

7. Pierre Bourdieu, *La Domination masculine*, Le Seuil, 1998.

8. Geneviève Fraisse, *Service ou servitude. Essai sur les femmes toutes mains*, Le Seuil, 2021.

9. Tangui Perron, *Rose Zehner et Willy Ronis, naissance d'une image,* L'Atelier, 2022.

10. Jean Lartéguy, *Lettre ouverte aux bonnes femmes*, Albin Michel, 1972.

11. Françoise Picq, *Libération des femmes. Les Années-mouvement*, Le Seuil, 1993.

12. Michel Foucault, *Histoire de la sexualité*, t. I, *La Volonté de savoir*, Gallimard, 1976.

13. Michel Foucault, *Surveiller et punir. Naissance de la prison*, Gallimard, 1975.

14. Catherine Valabrègue et Sandrine Treiner, *La pilule, et après ? Deux générations face au contrôle des naissances*, Stock, 1996.

15. Évelyne Sullerot, *L'Insoumise. Femmes, familles, les combats d'une vie*, L'Archipel, 2017.

16. Marie-Andrée Lagroua Weill-Hallé, *L'Enfant-accident*, Sedimo, 1961.

17. Christine Delphy, *L'Ennemi principal*, t. I, *Économie politique du patriarcat*, Syllepse, 1998 ; t. II, *Penser le genre*, Syllepse, 2001.

18. *Le torchon brûle* : journal édité par le Mouvement de libération des femmes (MLF) entre mai 1971 et juin 1973.

19. Annick Cojean et Gisèle Halimi, *Une farouche liberté*, Grasset, 2020.

20. Benoîte Groult (1920-2016), journaliste, romancière et militante féministe, a publié entre autres *Ainsi*

soit-elle, Grasset, 1975, *Le Féminisme au masculin*, Denoël/Gonthier, 1977 ; rééd. Grasset, 2010, et *Cette mâle assurance*, Albin Michel, 1993.

21. Éliane Viennot, *Le Langage inclusif : pourquoi, comment. Petit précis historique et pratique*, iXe, 2018.

22. Judith Butler, philosophe américaine, professeure à Berkeley, théoricienne du genre. Elle a notamment publié *Trouble dans le genre. Le Féminisme et la subversion de l'identité*, La Découverte, 2006. (Publication originale aux États-Unis en 1990.)

23. Élisabeth Badinter, *Fausse route*, Odile Jacob, 2017.

24. Christine Bard (dir.), *Un siècle d'antiféminisme*, préface de Michelle Perrot, Fayard, 1999.

25. Virginia Woolf, *Une chambre à soi*, Gallimard ; 10/18, 2001.

26. Françoise Collin, Évelyne Pisier et Eleni Varikas, *Les Femmes de Platon à Derrida. Anthologie critique*, Plon, 2002.

27. Lucien Neuwirth (1924-2013), à qui on doit la loi relative à la régulation des naissances, votée en 1967, a publié *Le Dossier de la pilule*, Éditions de la pensée moderne, 1967.

28. Frantz Fanon, *Peau noire, masques blancs*, Le Seuil, 1952.

29. Marie-Ève Surprenant, *Manuel de résistance féministe*, Éditions du Remue-Ménage, 2015.

30. Camille Froidevaux-Metterie, *Un corps à soi*, Le Seuil, 2021.

Du corps au genre

1. Alain Corbin, Jean-Jacques Courtine et Georges Vigarello (dir.), *Histoire du corps*, 3 volumes, Le Seuil, 2005.

2. *Notre corps, nous-mêmes*, Albin Michel, 1977.

3. Delphine Gardey et Marilène Vuille (dir.), *Les Sciences du désir. La sexualité féminine, de la psychanalyse aux neurosciences*, Lormont, Le Bord de l'eau, 2018.

4. Delphine Gardey, *Histoire politique du clitoris*, Textuel, 2021.

5. Eric J. Hobsbawm (1917-2012), historien britannique. Œuvre fondamentale, dernier ouvrage traduit : *Le long XIXᵉ siècle (1789-1914)*, Fayard, 2007.

6. Edward Palmer Thompson (1924-1993) : historien britannique spécialiste de l'histoire sociale et culturelle du Royaume-Uni et particulièrement du monde ouvrier.

L'universel en débat

1. Un point remarqué par la sociologue et historienne Christine Fauré, auteure d'une *Encyclopédie politique et historique des femmes*, PUF, 1997.

2. Gianna Pomata, « Histoire des femmes, histoire du genre », *in* Georges Duby et Michelle Perrot, *Femmes et Histoire*, actes du colloque tenu à la Sorbonne, 13-14 novembre 1992, Plon, 1993.

3. Alain Finkielkraut, *L'Identité malheureuse*, Stock, 2013 ; *Pour rendre la vie plus légère. Les livres, les femmes, les manières*, avec Mona Ozouf, Flammarion, 2021.

4. Nancy Green, *Repenser les migrations*, PUF, 2002.

5. Wassyla Tamzali et Michelle Perrot, *La tristesse est un mur entre deux jardins. Algérie, France, féminisme*, Odile Jacob, 2021.

6. Rokhaya Diallo, Blachette, *M'explique pas la vie, mec !*, Marabulles, 2020.

7. Caroline Fourest, *Génie de la laïcité*, Grasset, 2016.

8. Laure Murat, *Qui annule quoi ?*, Le Seuil, 2022.

9. Kimberlé Crenshaw, *Demarginalizing the Intersection of Race and Sex: A Black Feminist Critique of Antidiscrimination Doctrine, Feminist Theory and Antiracist Politics*, 1989.

#MeToo, du singulier au collectif

1. Véronique Nahoum-Grappe, *Le Féminin*, Hachette, 1996.

2. Camille Froidevaux-Metterie, *Le Corps des femmes. La bataille de l'intime*, Le Seuil, « Points documents », 2021.

3. Nicole-Claude Mathieu, « Quand céder n'est pas consentir. Des déterminants matériels et psychiques de la conscience dominée des femmes, et de quelques-unes de leurs interprétations en ethnologie » : chapitre V du livre *L'Anatomie politique, catégorisations et idéologies du sexe*, Côté femmes, 1991.

4. Selon le titre du célèbre roman de Vercors, Éditions de Minuit, 1942.

5. Laure Murat, *Une révolution sexuelle ? Réflexions sur l'après-Weinstein*, Stock, 2018.

6. Christine Angot, *Le Voyage dans l'Est*, Flammarion, 2021 ; *L'Inceste*, Stock, 1999.

7. Camille Kouchner, *La Familia grande*, Le Seuil, 2021.

REMERCIEMENTS

Au terme de cette aventure, de ce dialogue, de la construction de ce livre, nous voudrions remercier Marie-Claude Deville pour sa participation active, son regard aiguisé et ses suggestions toujours pertinentes quand il s'agissait de trouver le mot ou la formulation la plus appropriée pour éclairer le texte et le rendre le plus léger possible. Un grand merci à Juliette Joste et à Simon Labrosse pour leurs patience et professionnalisme bienveillants.

Table

MÉLANCOLIE OUVRIÈRE, Grasset, 2012.
GEORGE SAND À NOHANT. UNE MAISON D'ARTISTE, Le Seuil, 2018.

En collaboration :

Jeremy Bentham, LE PANOPTIQUE, postface de Michelle Perrot, entretien avec Michel Foucault (Jean-Pierre Barou dir.), Belfond, 1977.
LE JOURNAL INTIME DE CAROLINE B., avec Georges Ribeill, Montalba, 1985.
FEMMES ET HISTOIRE, avec Georges Duby, Plon, 1993.
LA PLUS BELLE HISTOIRE DES FEMMES, avec Françoise Héritier et Sylviane Agacinski (Nicole Bacharan dir.), Le Seuil, 2011.
LA TRISTESSE EST UN MUR ENTRE DEUX JARDINS. ALGÉRIE, FRANCE, FÉMINISME, avec Wassyla Tamzali, Odile Jacob, 2021.

Direction d'ouvrages collectifs :

L'IMPOSSIBLE PRISON, Le Seuil, 1980.
UNE HISTOIRE DES FEMMES EST-ELLE POSSIBLE ?, Rivages, 1984.
HISTOIRE DE LA VIE PRIVÉE (série créée par Philippe Ariès et Georges Duby), tome 4, DE LA RÉVOLUTION À LA GRANDE GUERRE, Le Seuil, 1987.
HISTOIRE DES FEMMES EN OCCIDENT, DE L'ANTIQUITÉ À NOS JOURS, codirigé avec Georges Duby, 5 volumes

(tome 4 codirigé également avec Geneviève Fraisse),
Plon, 1991-1992.

D'Eduardo Castillo :

CHILI, 11 SEPTEMBRE 1973. LA DÉMOCRATIE ASSASSINÉE,
    Arte/Le Serpent à plumes, 2003.
POURQUOI CAMUS ?, Philippe Rey, 2013.

PAPIER À BASE DE
FIBRES CERTIFIÉES

Le Livre de Poche s'engage pour
l'environnement en réduisant
l'empreinte carbone de ses livres.
Celle de cet exemplaire est de :
200 g éq. CO$_2$
Rendez-vous sur
www.livredepoche-durable.fr

Composition réalisée par PCA

Achevé d'imprimer en France par
CPI BRODARD & TAUPIN (72200 La Flèche)
en janvier 2024
N° d'impression : 3055852
Dépôt légal 1re publication : février 2024
LIBRAIRIE GÉNÉRALE FRANÇAISE
21, rue du Montparnasse – 75298 Paris Cedex 06